suncolor
三采文化

前言
Foreword

學會紅牌酒店小姐的溝通技術，成為受男人歡迎的女性吧！

銀座是日本酒店的聖地，也是高官權貴角力的會場，這裡的酒店不同於其他風化場所，而是真正提供愉快談話氣氛的地方。在這裡上班的小姐，也不單靠美色來服務客人，而是得使用高超的談話技巧，才能滿足客人。很多人都誤以為，女性必須要有端莊美麗的外表，並擁有與生俱來的高雅品行，才能在銀座成為一個「紅牌酒店小姐」。但是事實上，這些紅牌酒店小姐中，反而多的是容貌普通的女子，成長的環境也非常平凡。

外觀和成長環境明明沒有什麼差異的女性，為什麼會與別人不同？能夠成為「酒店紅牌」的女性，到底和其他女性有什麼不同之處呢？酒店紅牌小姐比其他小姐更擅長的能力，我想最具代表性的，就是關心對方的想法與溝通能力。即使是外表美麗、出身高貴

的女性，要是她不懂得如何讓別人感受到她的關懷、缺乏良好的溝通能力，那她一定無法成為酒店紅牌。這是我以一名銀座酒店幹部的身分，與許多酒店小姐接觸後發現的真實體驗。

我常常與許多酒店小姐溝通，其中也不乏那些會擔心如何招攬客人、煩惱要怎樣做才能使場面熱絡、氣氛舒適的小姐。這時我總會告訴她們：「紅牌的酒店小姐擅長關心對方，而且有超好的溝通能力！」為了擁有這樣的能力，一定要具備正確的想法，並培養說話的技術。當一切具足之後，自然就能成為紅牌的酒店小姐。

在這本書中記述有我迄今傳達給酒店小姐們的，能形成良好溝通能力的想法、所需的覺悟、基本的禁忌與具體的技術。另外還有基礎的心理學，讓女性可以理解男性的大腦生理構造，以及抓住男性所好的技巧。請妳務必閱讀這本銀座的酒店小姐都要學的說話術，然後成為一個受男人歡迎的女性吧！妳一定也辦得到的！

目錄
Contents

第三章 酒店紅牌絕對不會說的話！……49

第四章 創造無敵魅力的說話術……73

目錄
Contents

第七章　徹底占領男人心的必殺絕技……155

第八章　讓自己永保新鮮……185

後記・給台灣讀者的話……204

第一章 掌握男人的本性

掌握男人本性是溝通基礎

受歡迎的酒店小姐與一般女性的差異——在於理解「名為男人的生物」的程度，兩者在這方面的認知有很大的差異。舉例來說，妳在學校或是工作上，遇到有人對妳做出很過分的事情，假設妳把那件事告訴最接近妳的另一半（男友或是丈夫）。因為已經累積了不少壓力，想必妳會有如機關槍一般快速地敘述這件事吧？那麼，請問妳，在這種情況下，對方對妳採取下列①或是②的哪種態度時，妳會感到比較高興呢？

①那是妳的錯。因為妳這樣做，所以才導致如此的後果——對方冷靜、講理地指正妳的缺失，然後要妳好好反省自己的不是。

②彷彿完全理解妳為何會有這種感覺，並靜靜地聽著妳敘述事情的經過。

我想絕大多數的女性都會選擇②吧？但是，不理解女性的男人卻常常做出①這個選擇。想必妳一定也經歷過不少次與①例相近的狀況吧！

所謂理解男人的本質，就和這是一樣的事情。究竟對方（男人）抱著怎樣的心情，又是如何思考的呢？女人要是無法得知這類的知識，就無法和對方進行「能在他心裡留下印象」的良好溝通。

用圖形來表示的話，就是以下的形狀。

＊如何理解男人心

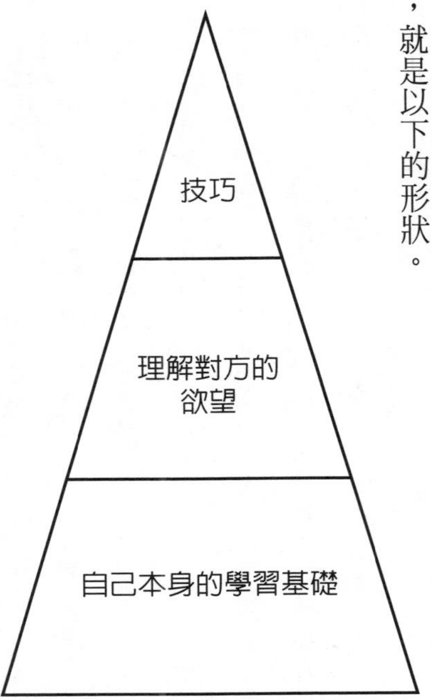

技巧

理解對方的欲望

自己本身的學習基礎

另外，本書是作者以「要如何讓讀者獲得能身體力行的知識」為角度而書寫的，也就是不單能讓讀者掌握知識，更能加以實踐，這就是本書的寫作目的！囫圇吞棗地獲得知識，是一點意義也沒有的，但是像這樣沒意義的事情，卻真的常常在日常生活中發生。

讀者們一定常常遇到「雖然我很明白，但是卻辦不到」的狀況吧？稍微用難一點的話來說明，這大部分是因為「認知的過程不完全」所致。講簡單一點，就是沒有發現「知道」和「理解」二者之間的差異，明明只是「知道」而已，卻誤以為自己已經「理解」。

那麼，「知道」和「理解」之間的差異是什麼呢？可以清楚地想起從別人那裡聽到，或是從書上讀來的、自己記憶中的資訊，這種程度就是「知道」。另一方面，所謂「理解」，就是能夠看清自己記憶中的訊息的本質，並能向第三者說明，好將訊息傳達給對方明白。如果要能「把獲得的知識當做自己的東西」，那就不只需要「知道」，還要能夠「理解」，

並把它變成可加以「實行」的狀態。為了達到這種程度，應該採取的「行動」是：

知道↓理解↓只要特意去實行就辦得到↓自然就辦得到

採取以上的流程就很有效果。另一種方法則是：

自己察覺應該採取的行動↓累積比較好的行動經驗↓實行

銀座媽媽桑和經理每天都會指導酒店小姐「要怎麼做才能抓住男人的心」，如果酒店小姐失敗了，就會遭到斥責。但是如果成功的話，那麼小姐們不只會受到褒獎，還能讓身為客人的男性感到高興，自己更是能知道「迷倒男人的溝通技術」，並可以加以理解、實踐，然後把它變成自己的才能。只要能成功辦到，就能成為受歡迎的酒店小姐。

不過，一般女性即使沒有這類實際經驗，只要能知道男人的心理，並加以深入理解的話，應該也能進步到能夠實行「迷倒男人的溝通技術」的程度。

正視各種事物的真理，並將事物的本質與經驗加以對照，相信妳也能因此發現更寬廣的世界。只要能更加深入探索事物的本質並加以理解，自然就能具備更圓融、高明的想法。

了解男人的DNA，妳就吃得開！

人類的習性並不是只靠最近幾百年的過程累積而成，而是從數千年前，甚至是從人類開始採取「溝通」的行為之前，就已經開始累積。溝通的行為與結果如果因此滲透到DNA之中，那也一點都不令人意外。

舉例來說，女性可以一邊塗指甲油、一邊看著電視劇，還能輕鬆理解電視劇的內容。要是此時大門的電鈴響了，她們也能發現「門鈴響了」這件事。據說這是因為在這數千年來，母親必須一邊注意小孩，一邊進行其他行動所造成的。由於大腦自然地進化，所以如今女性多有同時處理各種資訊的能力。

另一方面，就像女性擁有能夠同時處理各種資訊的能力，男性在這數千年之間也因為一直進行著狩獵行為，因此身為獵人的本質便殘留在男

性的DNA中，並在無意識間控制著男人的言行舉止。也就是說：

男人＝狩獵民族

於是，我們可以歸納出男性的下列特性：

①喜歡追著人跑（不擅長逃跑）

②決定好目標再開始狩獵（欲達成目的的想法）

③在狩獵的過程中思考新的方法來解決問題（高度的「解決問題」意識）

④狩獵到的獵物是屬於自己的（支配欲）

⑤興致勃勃的活動（主動出擊時會特別有活力）

⑥不喜歡等待，而喜歡處於攻擊的立場（比起防守，進攻比較能刺激男人的神經）

男人就是在數千年之間，把這些特性牢牢刻劃在ＤＮＡ之中而演變成現在這樣的。即使是生活在不以狩獵，而是以經濟活動為主的現代社會中，這區區數百年的歷史，也不可能如此輕易地就讓從古至今保存下來的習性消失。

把這些習性加以組合之後，就可以一窺男性本能的言行舉止。當然，我們也可以根據男人的行動模式，來判斷對方（男人）到底追求自己（女人）到什麼程度。

男人在追求自己喜歡的對象時，會非常積極、努力地展開行動。但是，要是反過來由女性這邊對男人展開猛攻的話，男人的行動力反而常會因此而下降。另外，也有被歸類為「不給到手的獵物吃飼料」的男人類型，但這是理所當然的，在男人的心裡並不存在「要再去狩獵已經成為自己所有物的獵物」這種動機。這並不是因為「那個男人」比較特別，也不是因為他是什麼「不給到手的獵物吃飼料」的類型，而是「只要是男

人」，都會採取類似的行動。

此外，不了解男人的女性還常採取一些無效的行動，例如她們常常「因為喜歡他，所以努力地去達成對方（男人）的要求」。對女性來說，這是因為想要看到對方高興的表情，所以才採取這樣的態度。妳是不是也有類似的經驗呢？

但是，這真的是正確的嗎？

從男人的立場來看的話，這種行為就是：

完全聽從男人的意願行動↓自己想達成的目標馬上就能達成

男人會因為女人這種態度而在潛意識得出這項結論，對身為狩獵民族的「男人」來說，本能上會追求的「應該解決的問題」已經不存在了，因此他們就不會產生「在狩獵的過程中思考新的方法來解決問題」的態度，於是當然會加快他對獵物（女性）失去興趣的速度。

這樣大家應該已經很清楚了吧？要是持續採取「立即回應對方（男人）要求」的溝通方式的話，男人反而會逐漸對妳失去關心。懂得男人心理的女性會把下面這句話當作格言：

「只要逃跑，男人就會自己追上來！」

這些全都是因為，男人是進行狩獵的生物，具有追逐獵物的習性所致。而且，他們不能原諒自己的獵物脫離自己的支配，反被其他對象給搶走。如何？有沒有漸漸感到自己開始了解「男人」了呢？

為什麼埃及豔后能成為女王？

埃及豔后在她生活的時代，就已經是一位享譽國際的女王。她不具有什麼神力也沒有與人戰鬥的能力，為什麼能發動戰爭奪取土地，成為一國之尊呢？她的經歷實在很令人瞠目結舌。

如果要問：「為什麼埃及豔后能當上女王呢」？那麼答案也許是：因為她真的了解男人的心理！我想這雖然不會是歷史學家的答案，但就算是這樣說也不為過，因為從歷史記載上我們可以看出，她從年紀尚輕時，就已經十分擅長掌握男人的心理了。

在埃及豔后的作為中，有操縱男人的一連串動作。為了獲得想要的事物，她會想辦法先擄獲擁有獲取該事物能力的男人，然後才讓那個男人幫她達成心願。這就是埃及豔后的做法。

男人這種生物在追求自己設定為目標的女性時，一定會進行「給予對方想要的事物」的「禮物儀式」，埃及豔后便是利用男人的這個習性來達成目的。此外，她也熟知男人在狩獵時會精力倍增，更有精神地進行工作，因此她就自己扮演「獵物」的角色，藉以刺激男人的支配欲，並讓他們互相爭奪，引出男人鬥爭的本能。關於埃及艷后的歷史，就是巧妙操縱男人心理，並展現出成果的紀錄。

埃及豔后留下的名言中有這樣一句話：

「所謂男人，就是支配者。

要成為一個不會被完全支配的女性」

從這句話，我們可以得知她究竟有多熟知男人的心理。因為埃及豔后說過，不會被完全支配的女性，才是男人會不知厭煩、持續追求的對象。這句話在經過數千年的時間後，依然毫不褪色啊！

男人的人生價值到底是什麼？

我的部落格曾經舉辦一次想法大調查，在「女性最想知道的事情」中排名第一的，就是「男人的心理」。

雖說是「男人的心理」，但其實女人的心理也一樣，其中都有能夠被大致形容掌握的部分，以及例外的部分。首先就來介紹能被大致掌握的部分，也就是男人心理的基礎。

對男人來說，人生的價值究竟是什麼？美國的心理學權威，瓊格萊博士說：

「男人的人生價值就是證明自己。」

男人認為，使用自己的體力與知識去完成各種事情，是最有價值

的，因此他們會為了證明自己的能力而努力鍛鍊自己。這就是男人的「生存之道」，也就是他們「人生價值」。藉由自己的力量來完成事物，並以成功來獲得生活的充實感，這就是男人心理的基礎。然後，他們就會想向別人誇耀他們成功的軌跡，男人真的是很單純的生物！

紅牌的酒店小姐，都很擅長於「被動的」接受事物。當女性採取被動的立場時，男性便會主動出擊。男人心理所期盼的這種相處模式，大概永遠都不想被改變吧？從男人的觀點來看，事物若能照著自己心中的期望發展，男人就能獲得成就感。紅牌的酒店小姐們都非常了解這件事，而且不只是了解而已，還能提供給客人「成就感＝充實的人生」的滿足感。

命中男人「隱藏的弱點」

人類都有共通而單純的弱點，在彼此交往的時候，如果能夠意識到這個弱點，避免因為觸碰弱點後而引發的危機感，就能獲得對方的好感！女人是否理解這一點，並進而利用這點去與男人溝通，對命運一定有很大的影響！

那麼，所有人類都擁有的弱點究竟是什麼呢？

那就是不安。

「請你等一等！在這世界上有很多男人看起來就是天不怕、地不怕，態度強勢得很，哪有什麼不安啊！」或許很多女性會想這樣說吧？在回答這個問題之前，先讓我們來談談何謂「不安」吧！

所謂不安，就是在事物發生變化時所產生的心理感受。例如，以前辦得到的事情，現在卻辦不到了，或是失去本來擁有的事物等。當人們考慮未來可能會發生的各種負面期望時，就會產生不安的感受。

那麼，為了去除這種不安，人們會採取什麼行動呢？人們只要理解這件事，就能掌握到溝通的基礎。

男人在面對不安時可以分成以下兩種類型：

①完全感受不到「不安」

②一直感到不安

只要能知道這兩種類型的人各自抱持什麼想法、擁有怎樣的價值觀，就能夠知道應該如何與他們進行溝通。

首先來介紹①這種，完全感受不到不安的男人。

不安的心情是在事情發生變化時產生的，想要顛覆這項道理，就必須創造出一個「不會被時間流逝所左右的永恆」，並讓它變成心靈的依靠。只要這樣做，就能夠排除內心的不安。或者是說，不這樣做的話，根本無法製造出一個不被「時間的流逝」所左右的心靈角落。

男人一旦擁有「不會被時間流逝所左右的永恆」，就不會感到不安。有些人有很堅定的宗教信仰，不論是信仰基督教、佛教、印度教或甚至是邪教都一樣，當他們把自己的生存託付在這些宗教的「教義」中時，就擁有了一個安定的心靈角落，可以以此來對抗心中的不安。

其實不只是宗教，許多科學家是從「發現自然界不變的方程式」中尋找心靈上的安慰，哲學家從「人類永恆不變的人性與思維」中得到慰藉，而商人則是從「追尋金錢永恆不變的魅力」中獲得滿足。人們習慣藉由追究這些事物，好讓自己離開不安的心情，進而獲取安定的心境。

不把「不安的感情」表露於外的堅強男人，一定擁有一個「信仰的

對象」。這個男人的生存方式，就是圍繞著這個中樞而產生的。想要抓住這種男人的弱點，就必須先找到他的「信仰中樞」，並想辦法讓他就這件事情暢談他的感受。對男人來說，敘述這個故事，等於是在證明自己的強大，所以99.9％以上的男人都很樂於與別人暢談這個故事！

當男人開始敘述之後，聰明的女人一定會對他的「信仰」表示深切的敬意。這非常重要，因為這樣能讓男人的自尊心獲得滿足。相反的，要是妳否定他的「信仰」，或是對他的信仰採取厭惡或攻擊的態度，相信對方的內心深處就會開始感到不安。但是，因為沒有人願意認同自己內心這股不安的感覺，所以只好對妳產生反感、敵意以及厭惡的態度。

接下來就是關於②這種會一直感到不安的男人。一般來說，不管是男性還是女性，這種類型的數量都比①來得多。

這種男人並不是把心靈依靠在追求自己以外的第三者，例如神、方程式、哲學理論或是金錢的魅力上，而是依靠在自己的感覺上。而且，他

們不是在自己身上尋找依靠，而是想藉由發現他人與自己相同的部分，來排除自己的不安。講簡單一點，就是把「和自己擁有相同想法」的人當作心靈的依靠。

說得更明白一些，他注視的實際上並不是「對方」，而是「對方與自己相同的地方」。這類男人的特徵就是非常「自我主義」，把自己的感覺當成最重要的依歸。所以，想要掌握這種男人的弱點，只要對他表達妳也有同感即可。他會常常發出「妳了解吧？」或「妳一定能了解吧？」這類的訊息，並希望對方給予肯定的答案。只要女人能抓住這點，給他肯定的回答，他的心就會因妳也有同感而與妳結合在一起。

但妳若在這時給他「我的想法不同」、「那個想法很奇怪」這類的否定回答，對方就會變得更加不安，並感覺與妳之間產生了距離！

第二章

效果絕佳的基本說話術

輕鬆卸下對方的心防

酒店小姐中，之所以能夠成為鎮店紅牌，大部分都是因為男人很喜歡跟她們聊天的關係。那麼，這些紅牌酒店小姐究竟有哪些特色呢？

如果要認真地問她們的客人為何喜歡她們，相信答案多半是「跟她在一起很愉快」，或是「跟她相處不用太過小心翼翼」。的確，連我也是這樣認為。但是，「跟她在一起很愉快」或是「跟她相處不用太過小心翼翼」，是在已經和對方打好關係之後才有的狀況。只要和自己合得來，關係自然就會變得良好。要是關係變好，彼此自然就不用太在意對方，而能以真心相處。

但是，我想在這裡傳達給各位的並不是「結果」，而是「本質」，本質是將雙方的關係導向良好結果的關鍵。也就是說，初次見面就能輕鬆

的交談，是最重要的關鍵。

那麼，為何別人會喜歡跟她交談的呢？

如果要「一言以蔽之」，那就是：

這些人擁有讓人「感覺很不錯」的特質。

之所以能夠醞釀出「感覺良好的氣氛」，差別就在於「表情」的表現。讓我們暫且避開一些複雜的心理學解釋，簡單的說明就是：人會以自己所見到的表象來判斷事物。比起話語，人們其實更相信對方的表情。

不管修辭再怎麼巧妙、內容有多麼動聽，要是對方表情生硬，臉上盡是職業笑容，就連妳看到這種人，也會馬上對對方產生防衛心，是吧？一定會這樣的！自然的笑容，也就是在生動的表情中流露出的燦爛笑容，最能夠製造開朗的交談氣氛。只要觀察自己周圍那些經常面帶微笑、性情開朗的人就能了解了！

常常露出笑容的人，聲音也會比較高亢，自然充滿活力。當這種人露出笑容和我們說話，我們自然就不會感到緊張，而且還會不設防地對他們敞開心房，於是當然就會自然而然地說出真心話，並能以真正的自己與對方接觸。

當妳能逐漸累積這樣的狀況與經驗後，很快地，男人和妳在一起時就會很自在、很快樂，並且不會對妳小心翼翼、處處設防。

如何，妳抓到感覺了嗎？

傾聽比說話更重要

當妳能夠卸下對方的心防，讓對方願意與妳開口交談後，我們就前進到下一步吧！接下來要介紹能讓交談維持下去的「聆聽技術」。

比起善於交談，善於聆聽更為重要，各位一定有聽過這樣的說法吧！即使以心理學的觀點來看，認為這種說法正確的人似乎也很多。因為只要是人，都會因為對方願意聽自己說話而感到心情舒暢。因為不論是誰，都擁有「希望對方了解自己」的欲望，因此不容易討厭那些肯認真聽自己說話的人。

接下來要介紹的基本溝通技術，是被稱為「Active Listening」的技術。Active Listening這種技術也常常被採用來建立信賴關係，或被大企業運用在新人教育中。

①聆聽的姿勢

與對方交談時，應該採取「我正認真聽你說話」的姿勢。要是此時手邊正忙著做其他事情，一定要趕快停止。也不要採取交叉著手或腳的姿勢，這種姿勢會讓對方感到妳心中是有防備的。應該把身體放鬆，不要讓手交叉在胸前，並採取開放自然的態度。

②眼神的接觸

交談時，眼神要和對方自然的接觸，時間最長大約二～三秒左右。當對方的眼神快和自己對上時，就趕緊配合他吧！先學到這個程度就可以了！眼神的接觸將會產生極大的效果，由於這部分有許多原因無法以三言兩語說明，因此詳細內容會在第五章為讀者介紹。

③適當的動作（點頭及回話）

根據美拉賓法則（The rule of Mehrabian），人類獲得的情報有83％是來自眼睛。與對方交談時，如果能以點頭回應對方的話語，對方就會因「看到你的動作」而留下「妳很認真聽他說話」的印象。

另外，選擇適當的回話內容，再加上點頭的動作，就可以讓聊天的氣氛變得更好。

在這裡就舉一些回話的例子吧！

肯定：「真是不錯！」、「是！」、「就是那樣！」
疑問：「是這樣嗎？」、「為什麼呢？」
確認：「是這樣啊！」、「啊，原來如此！」、「喔！」
感嘆：「真的嗎？」、「真好！」、「哇！好厲害！」
否定：「你騙人……」（僅限在開玩笑，或是鬧著玩的時候使用）

有一個絕對不能使用的詞，那就是：「我明白！」

在回話時輕易使用「我明白！」這句話，容易導致對方心裡產生「妳又知道些什麼？妳真的明白嗎？」的想法，反而使對方生氣。

在服務業的世界中，避免採取「輕易就理解對方的態度」是常識之一，所以紅牌的酒店小姐真的很少使用「我明白！」這句話來回話。

④體貼的重複

歸納對方說的重點，並加以重複，是讓對方了解自己確實有理解他所說的話的重要步驟。只要能夠做到這一點，對方就能感到妳與他產生共鳴，並且接受到妳給予的肯定感，並與妳共享情感的交流。

Active Listening技術的施行，最重要的關鍵在於「時機」，因此一定

要配合對方的頻率來判斷適當的施行時機。雖然有人把交談比喻為傳接球，但是如果是以桌球或網球的連續對打來比喻，也許能更容易抓到要領。就是這種有節奏的感覺，才能夠產生Active Listening的效果。

請妳想像一下，妳正順利讓對方敞開心房，並不停與妳談話的畫面。擅長與別人交談，其實並不是那麼難的事情。

讓對方輕鬆開口的話題

下一階段，就是選擇話題！這項知識在尚未和對方建立良好關係的初期階段是非常有用的。尤其是在服務業中，與對方是初次見面的可能性非常的大。

銀座酒店小姐的工作，就是透過聊天好讓對方感到開心。那麼，要怎樣才能讓對方開心呢？雖然可能需要講一些有趣、好笑的話，但是那並不是必要的。要是對方是想聽那些笑話，那只要去聽相聲，或是在電視上看自己喜歡的藝人搞笑就好了！客人們並不是要來聽酒店小姐講笑話的。

妳並不需要勉強自己讓對方笑，只要讓對方認為和妳講話很開心就夠了！為了達成這個目的，比起妳自己開口，還不如讓對方開口說話，較能讓對方感到開心。

那麼，要怎樣做才能讓對方主動開口呢？

其實，是有這樣的方法，那就是選擇讓對方可以主動開口並且陶醉不已的話題。或許各位都已經知道了，交談的基礎就是「親近的關係」，以下這些話題就是用來展開交談的關鍵字：

①工作
②旅行、食物
③興趣與嗜好
④季節、氣候
⑤朋友
⑥家族

如何？不論是誰，在這些話題之中，一定會有一個能讓他暢談的主

題！只要在對話中照順序提到這些主題，觀察對方對哪一個話題展現出興趣，那麼就能夠針對那點深入討論，對方自然會開始熱中於與你交談！

只要對方一開始講話，就開始靠Active Listening的聆聽技術來讓對方感到開心而繼續交談。然後只要使用接下來要教給各位的技術，就能把對話的氣氛炒熱。

與對方產生共鳴

到目前為止，我們已經按照「卸下對方的心防」↓「基礎的聆聽技術」↓「選擇對方喜歡的話題」的順序讓對話順利進行了！那麼下一步呢？下一步就是「跟對方產生共鳴」。

在介紹具體的技術之前，讓我們先掌握溝通的本質吧！妳認為所謂的溝通是什麼呢？是說話？還是聆聽？溝通（Communication）這個詞的語源在拉丁語裡為「共有」、「一起分享」，而交談、聊天就是溝通的其中一項手段。

我們現在談的就是「溝通的本質」。兩人共有類似的價值觀，才有辦法在交談中獲得共鳴，這就是溝通的本質。要是沒辦法跟對方產生共鳴，就無法與對方建立起良好的關係，這點相信誰都可以認同。

那麼，我們現在就來介紹「獲得共通點」的技術吧！正如其名，這是找出彼此的共通點，並以這個共通點為中心展開交談的一種技術。

靠著這項技術，人們可以一邊製造雙方的共鳴點，並一邊使交談繼續下去。主動提出目前還沒有聊到的話題，並根據對方的回答，來尋找會讓兩人產生「沒錯、沒錯」的感覺，這就是製造共通點的過程。我們舉一些具體的例子，例如一對男女正在談話，男方喜歡喝酒，特別是啤酒，但是女方卻不是很喜歡喝酒。要讓這兩人產生共鳴，要怎樣說話才好呢？

讓我們先從失敗的例子開始：

・失敗的例子

男：「妳喜歡喝酒嗎？我最喜歡喝啤酒了。」

女：「我不太喜歡啤酒。」

這是最差的例子，因為女方很直接地就否決掉對方的詢問，這樣是不可能把聊天氣氛炒熱的。因為雙方都找不到共通點，所以對話很快就會結束。

接下來，是有點微妙的例子：

・不成功也不失敗的例子

男：「妳喜歡喝酒嗎？我最喜歡喝啤酒了。」

女：「我不太喜歡啤酒……但是我喜歡甜味較重的酒。你都在什麼時候喝啤酒呢？」

男：「在剛洗完澡的時候，或是工作結束時如果很熱，這時可以喝一杯最棒了。」

這是靠著「酒類」來尋找彼此共通點的例子，比起之前的例子，雖

然這種回答法比較能讓交談繼續進行，但是因為還是只有男方能夠開心暢談的話題（酒類），所以仍然沒辦法產生共鳴。要找出女性也能共鳴的話題，還要花上許多的時間。

然後，久等了，這就是成功的例子：

・成功的例子

男：「妳喜歡喝酒嗎？我最喜歡喝啤酒了。」
女：「那你知道什麼食物最適合搭配啤酒嗎？」
男：「那個啊！其實○○料理非常適合喔！」
女：「真的呀！我很喜歡○○料理呢！」

是否已經感覺到，在這一問一答之後，雙方會聊得更起勁呢？

在這例子中，不管男方提出什麼料理，其實都沒有關係。假如對方

說適合亞洲料理，妳可以直接回說：「我也喜歡亞洲料理。」或是轉個彎說：「我喜歡泰國和越南料理。」以這種方式來擴展話題。這樣一來，如果男方剛好知道一些好吃的餐廳，他說不定就會熱心地開始介紹了。

附帶一提，在這個例子中，「啤酒」本來雖然是屬於「食物」的話題，不過妳也可以把這個話題轉換成「國家」類，例如問他：「那你喜歡哪一國的啤酒呢？」這樣就可以根據他所回答的國名，把話題轉為旅行的話題，然後找機會與對方產生共鳴。

重點就是要以對方所提供的資訊作為契機，把話題轉向自己也有興趣的領域，這就是獲得共通點的要訣。明明沒有興趣，卻為了和對方交談而展現虛假的認同，這種方法就好像只是在嘴邊掛上職業微笑一樣，對方一眼就會看穿，當然無法與妳產生共鳴。

要巧妙地把話題轉向自己有興趣的領域，如果對方對妳說的事情沒有興趣，那就要趕快再切換新的話題。積極尋找雙方都有興趣的話題，就

能與對方產生共鳴。而這就是溝通的要訣之一。

有沒有更簡單的方法呢？也有！那就是事先了解對方所關心的事物。要是妳知道對方喜歡看電影，也許妳可以事先蒐集有關電影的資訊，了解相關的知識，並從中歸納、提出自己對電影的一些見解，或者甚至只要表達對某些特定電影的感想等。只要能做好這些事先準備，就更容易找到雙方都能產生共鳴的話題了。

這也是為什麼酒店小姐都會盡可能的培養各種興趣，或是常讀報章雜誌與各種書籍，因為她們必須努力讓自己在各方面都有一定的知識。

手勢與眼神的助力

下一步則是要介紹如何讓兩人的交談更有活力的技術。

交談就像是在打網球一樣，假設一種是單調的連續回擊，一種是動作激烈、節奏一直在改變的比賽，妳覺得哪邊的比賽比較吸引人呢？當然是有活力的比賽，比較容易讓觀眾目不轉睛地觀賞吧？而且這種比賽也能讓比賽的本人更加興奮、更有活力。

看看那些擅長演講、說話的人們！妳一定會發現，他們常常像是在演戲般地做出各種手勢。其中，又以把手掌向上、雙手展開的姿勢特別多，這些都是演講者考慮到觀眾的心理層面而採取的姿勢。常在電視上登場的藝人們，也有很多人非常善於採取肢體語言，做出「認真聽對方說話」的姿勢。

人們對那些使用各種手勢來進行溝通的對象，特別容易抱持好感。靠著身體或手的動作，來刺激對方視覺的對話方式，很自然能抓住對方的心。但是，女性應該避免採取那些會顯得沒格調的過度反應，如果想看起來更具魅力，就必須採取小幅度的「手指肢體語言」。只使用手指，在空中慢慢地比畫，像是在細心描繪某些事物的動作，會讓男人覺得妳非常優雅，並能製造出一種慵懶高貴的氣氛。

另外，表現出豐富的表情也很重要，要說一個人製造出來的氣氛是由表情來決定的也不為過。據說優秀的女演員都能只用眼神就表現出喜怒哀樂，其實這也是肢體語言的一項技術。鍛鍊控制表情的臉部肌肉，利用臉部的表情傳達出自己的感情，也是非常重要的。

第三章

酒店紅牌絕對不會說的話！

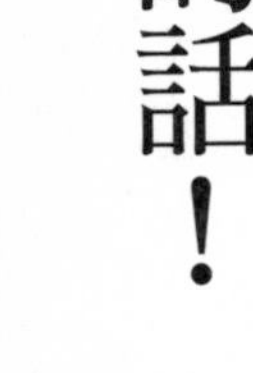

會使自己變醜的話

女性與男性在進行溝通時，有一些絕對不能說的「禁忌」或地雷，女性們必須意識到這些地雷或禁忌，才能避免說出讓男人倒足胃口的話來。其中，最需要注意的就是「不說會使自己變醜的話語」。

這裡所謂的「醜」，並不是指與生俱來的容貌。因為即使擁有再美麗的外貌，只要在對話中說出這些字詞，那麼從男人的觀點來看，對方都會馬上變成一個「醜陋」的女性。

那麼，男人認為「醜陋」的女性究竟是怎樣的女性呢？

「男人應該要有精神地工作，並且要為了保護重要的家人而活」，針對這個意見，一定有很多女性都表示贊同吧！相同的，贊同「希望女性能很優雅美麗」的男人應該也一樣多。也就是說，讓人覺得沒有格調、言

語和動作一點都不優雅的女性，從男人的觀點來看就是非常「醜陋」。

男人對一個不在意他人的眼光、動作非常粗俗的女性抱有好感的機率，就和女性會去認真思考，和一個不考慮將來的尼特族一起生活的機率一樣低，可以說幾乎是不可能的。（所謂的尼特族指的是不升學、不就業、不進修或參加就業輔導，終日無所事事的人。）

那麼，會讓自己變醜的禁忌話語有哪些呢？

・「所以我不是這樣跟你說了嗎？」

這句話是在和對方起正面衝突，想要強行貫徹自己的主張時所使用的，尤其是話中隱含「為什麼你連這點事都不懂？」的意思，有貶低對方的成分在裡面，所以絕對不能使用！

會在與男人的對話中說出這句話的女性，就是不懂得尊重男人的女性。懂得尊重男人的女性，絕對不會使用這樣的句子。沒辦法讓男人滿足

面子的酒店小姐，是無法受到客人歡迎的。

・「但是……」

這句話有「雖然能理解對方的想法，但是我的想法才是正確」的意思，坦白說，這跟直截了當地否定對方差不了多少。一個典雅的女性，是不會在與男人輕鬆交談的時候還要堅持自己的主張的。

・「可是……」

「可是」這個詞與「但是」差不多，也是否定對方、堅持自己意見的話，有時候還常常在找藉口時使用。馬上就想找藉口，正是自我意識非常強悍的表現。這句話只要一說出口，就會帶給對方「妳認為自己最重要」的印象，所以也是禁忌的話。

・「明明……」

這句話也很經典，因為人們在使用「明明」這句話開頭後，緊接的大多會是抱怨。例如「明明我這麼努力了，對方卻都不明白、周圍的人都不懂得欣賞」，這句話是不是令人非常耳熟呢？這句話也是只主張自己正當性的句子，哪個男人會覺得一個只會跟自己發牢騷的女人是有魅力的？我想應該沒有這種人吧！

雖然以上已經舉了不少例子，但其實不論哪一個，這些話都有一個共通點，就是「主張自己最正確、最正當」。而一個強力主張自己正確性的女性，在男人眼裡都會顯得「很不可愛」。反過來說，只要不使用這類句子，那些「否定對方而堅持自我」的表現就會大幅減少。

當然，這並不是要妳完全不提出自己的意見。人在與別人交談時，一定會發生和對方意見相左的狀況。這時候，一個紅牌的酒店小姐就會使

用「Yes，and……」的方式來代替這些不妥的語詞，來回答對方。也就是即使對方所說的和自己的意見不同，只要先說一次「確實是這樣」，以「YES」接受對方的意見後，再用「然後」或是「而且」一類不讓人產生反感的連接詞繼續說下去，那麼即使妳傳達了與對方相左的意見，給他的印象也會完全不同。這是因為先表達了「YES」的意見後，能夠讓對方感到他「受到尊重」的關係。

這些禁忌的話只要特地去注意，不要輕易說出口，那麼腦海裡的想法自然也會跟著修正。如果一開始就想要忽然改變心中的想法，或是從根本推翻自己，是不可能輕易成功的。比起想要直接改善深層的心理，還不如從現在馬上就能辦到的簡單行動開始做起。只要特地注意，不要說出這些禁忌的話就好；要是不小心說出來了，要馬上反省。反覆這樣訓練自己，自然能慢慢轉變自己說話的語氣與用法，久而久之自然能從言語中展現出高格調了！

關於自己的話題

這並不是要妳完全不說關於自己的事情，而是除了被對方問到的部分以外，不主動提起關於自己的話題。知道這個禁忌之後，就能讓男性對妳更加傾心。除了酒店小姐之外，職業的心理諮詢師也理所當然地在實踐這個行為。這項技巧一定會比妳所想像的更能派上用場。

不主動提起關於自己的話題，主要可以獲得以下三種效果：

①引發對方的好奇心
②使對方的時間感加速
③更加了解對方

關於①的「引發對方的好奇心」，也就是要讓自己充滿神祕感，男人天生對有神祕感的人充滿好奇，要是妳談論了太多關於自己的話題，那就沒有神祕感了。

舉例來說，妳有一個非常熱衷的興趣，然後自己主動提起相關的話題。如果對方也有類似的興趣的話還好，要是對方因此判斷「妳和我的興趣不合」，那麼他就會離妳而去了。

另外，不會吸引男性的資訊，像是在超市怎樣購物最省錢、自己的房間有多麼凌亂，或是會顯露出生活觀的話題，這些女性朋友可能很樂於討論的事情，卻都是很令男人掃興的話題。

簡而言之，只要越是經常提起關於自己具體生活的資訊，男人對妳的印象，就會越容易從非現實面轉變為現實面。於是，男人就會無法以自己的價值觀或觀點來想像妳，也就是對妳已經無法抱持「夢想」了。

在提起關於自己的話題時，最應該注意的就是「對方是否想知

道」。給予對方想知道的資訊，可以滿足他「求知」的欲望，進而使他獲得滿足。但是，要是告訴對方的，全是他不想知道的資訊，那這些話就會變成單純的文字排列組合，除了更讓妳的神祕感盡失之外，也會使他對妳失去興趣。

這是一種溝通的技術，也就是「減少數量，提升品質」的表現。

接下來是關於②的「使對方的時間感加速」。

人們在聽別人說話的時候，和自己在說話時所感覺到的時間長短，是很不相同的。自己在說話的時候，因為很熱衷於自己的事情，於是就不會在乎時間長短而不停地講。但是，當一個人很熱衷地在敘述的時候，常常會讓別人有一種「怎麼還沒結束？講好久啊！」的感覺。一個明明常常抱怨別人在結婚典禮這類場合演講太冗長的人，結果自己上台演說的時間反而更久，大家想必都曾經遇過類似的狀況吧？

從這裡可以得知，一般來說，自己在說話的時候，會感覺時間過得

比較快，聽別人說話的時候則會覺得時間過得比較慢。即使是一樣久的時間，比起聽別人說話，自己開口講話會覺得時間過得比較快。

當然，要是能很有技巧地敘述充滿娛樂性的話題，那麼即使是聆聽的一方，也會感到時間過得很快。但是這種說話方式需要更高的技術，如果妳缺乏這種技術時，該怎麼辦才好呢？

很簡單，只要增加聽對方講話的時間就好。

只要這樣做就可以了！只要這樣做，就能輕易讓對方感到時間加速，而且會訝於「怎麼不知不覺就過了這麼久的時間」。

當對方感覺到時間變快，妳想會發生什麼事？

請妳回想看看，當妳和交情很好的朋友在一起的時候，是不是也會感到時間過得特別快呢？當和自己喜歡的男友在一起時，是不是會覺得時間過得又比和一般朋友在一起的時候更快？明明還想再一起，明明還想多

留久一點，但是時間已經太晚了！到底是什麼時候過了這麼久的時間呢？

也就是說，當和有好感的對象一起相處時，自然就會覺得時間過得比較快。反過來說，要是覺得時間過得很快，就代表自己對對方有好感，或至少會讓對方產生這種印象。

只要增加自己聽對方說話的時間，就可以讓對方產生「我對這位女性有好感」的印象。

說話者和聽話者感覺到的時間流逝速度不同，當自己在說話的時候，對方是在聽的。只要能注意到這之間的差異，妳就能影響對方，讓他對妳產生好感。

然後就是關於③的「能更加了解對方」。

當妳是個聆聽者的時候，說話的自然是對方。當對方說越多話，妳自然會越加了解他。

在進行交涉或心理戰時，了解對方的程度就是成功的關鍵所在。資訊就是力量！只要能知道對方有興趣的事，或是知道對方所喜歡的女性類型，當然越容易掌握對方的心，也就能把話題帶往對自己有利的方向。

不提起關於自己的不必要話題，只告訴對方他想知道的部分，光是這兩點，就足以讓妳吸引更多男人的心。

對男人採取教導的態度

人類原本就有「想教別人的欲望」，相反的，也有想滿足好奇心的「求知的欲望」。把這兩者放在天平上時，「想教別人的欲望」通常會比較重一些。這是因為，人們可以透過教給他人某些事物，來確認自己存在的意義。男人尤其具有這種傾向，除了男人本來就比女性擁有更強的自我表現欲外，這也和男人心裡認為「男女之間要採取於什麼樣的立場能讓自己感到比較舒服」有關。

男人希望藉由「教導女性」這個行為，來把自己的存在地位提升到女性之上。這裡所謂的「上位」就是指「擁有更有經驗、更多知識」等，也就是經驗或是知識的上下關係。

在人類的歷史中，男人有很長的時間都過著外出取得食物，並施予

女性，以維持女性生活，藉以完全掌握主導權的生活。這個「記憶」已經深深刻劃在男人的身體與DNA的深處。所以，大部分的男性都不覺得處於女性掌握主導權的狀態會很舒服，很多男人甚至對那種狀況感到很厭惡。因此女性應該避免在談話中教導對方，以免讓對方因妳掌握了主導權而感到不自在。

「教導」這種行為大致上可以分為下列三項：

①提供對方不知道的資訊

②傳達知識或技藝給對方

③敘述善惡的觀點好讓對方理解

讓我們分別來看看這些項目吧！

首先從「提供對方不知道的資訊」開始，這種情況要看場合而定，

有時這麼做可能不恰當，不過也可能沒有任何問題。是否恰當，要依這項資訊對對方來說，是不得不知道的內容，還是即使不知道也無所謂的內容來區分。

如果是對方不知道也無妨的內容，那麼就算教他也無所謂。講得極端一點，這是因為這項資訊的內容，甚至是對這資訊是否感興趣，對男人來說都是「無關緊要」的。另一方面，教給對方他必須要知道的內容就很危險了！因為光是「他不知道他應該要知道的事情」這點，就已經使他的自尊受損了，結果竟然還要由一個女性來教他，這會讓他心裡存在的「我的地位比女性還高」的男性尊嚴完全毀掉。

總歸一句話，男人是很重視自尊心的生物。

所以言談中要盡可能不要傷害到他的自尊心。只要妳給對方的資訊不會使他面子盡失的話，那麼即使是教他一些他所不知道的事，也不會讓

男人感到不愉快。

知道這點之後，應該就能明白②與③錯得有多離譜了吧？這是因為這兩種都是採取上位者向下位者傳達知識的態度，即使妳再怎麼注意，都只會讓他產生「妳在顯示妳的知識、經驗、道德觀或是技能等各方面都比他還要優秀」的印象。

紅牌的酒店小姐非常了解這種「男人的自尊」，所以即使是早已知道的事，也會裝做不知道，並且佩服男方「真是博學多聞」。有時甚至男人所說的內容有錯誤，她們也不會特地加以訂正，這是因為她們知道指責男人的錯誤，並教給他正確的知識，並不會獲得男人的好感，反而只會讓男人產生反感而已。

不要採取教導的態度，讓男方認為他的知識水準在妳之上，而能在妳面前保持自信滿滿的狀態，這可是吸引男人心的重點喔！

教導這個行動，還代表教導的一方擁有談話的主導權，因此無論如

何都會產生上下關係。通常只要女性採取了上位者的立場後，男人就容易因卑屈而大感不快。所以就算妳的教養、知識都比男人還高，但比起採取將知識教給男人的態度，還不如巧妙採取讓男方教妳的態度，反而更能獲得對方的好感。真正聰明的女性，不會去在意那些不重要的知識到底誰對誰錯，反而會裝成不懂的樣子好讓男方教她，並藉此獲取男人的好感。

當然，如果是關係已經很好，甚至是臭氣相投的朋友，就沒有必要像這樣子過度隱藏自己。紅牌的酒店小姐能夠完美判斷出自己與對方的關係如何，並適當地依照時間、地點與場合，來採取不同的態度。

因嫉妒而採取的攻擊行為

人與人間經常會產生所謂的敵對意識，無論男性或女性，在展現敵對意識時，都會令人感到很醜陋。通常敵對意識都是在同性之間產生，有時候想想，這很可能也是存在於人類DNA裡的問題。例如，雄性為了留下後代而會和其他雄性爭奪雌性，而雌性為了留下更強大的後代也會與其他雌性戰鬥，好在強大的雄性面前表現自己的存在。

也就是說，同性之間會互相競爭，並且會嚴格審視對方，這些現象實在是由動物的本能所引發出來的。無法捨棄敵對意識的原因，就是因為對其他同性產生嫉妒。當女性心中浮現嫉妒感時，不只會讓女性的魅力減半，有時甚至會顯得自己的魅力比另一個女性更低。

就心理學來說，對立關係基本上就是由敵對意識開始產生的，

但是男人一點都不想看見女性彼此處於對立的戰鬥狀態。

要是有兩名女性，其中一方因嫉妒而展開單方面的攻擊時，看見這件事的男人，只會被遭到攻擊的一方，也就是輸的女性所吸引。這是因為男人會自我妄想地把女性理想化，在理想中，「女性應該是柔弱的、必須要由男人來守護的」。因此要是現在有「展開攻擊的女性」和「受到攻擊的女性」，男人的心一定會偏向「受到攻擊的女性」那一方。因為他會認為自己應該要保護這位受到攻擊的女性。

另外，「女性應該要很溫柔，讓男人的心靈感到舒適」也是男人的理想。但是一個燃起敵對意識，而對其他女性展開攻擊的女性，等於是完全破壞了這個理想。

想要把心底深處的感情完全隱藏，不顯露於外，是很困難的一件事。當妳嫉妒其他女性或對他人產生敵對意識時，只要稍微表現在言語或

是行動中，身為異性的男人馬上就能察覺出來。

男人每天都在戰鬥中求生存，讓我們先不管實際的情形如何，至少他們自己是這樣認為的。而女性提供的就是「因戰鬥而受傷的男人」能安心休息的懷抱。所以，對於這類女性，男人怎麼可能希望看到她們也在戰鬥？當然，這是男人自己任性製造出來的幻想，或者說是假象。但是紅牌的酒店小姐知道他們的這種幻想，並且會配合他們的這個幻想來行動，所以她們才能受歡迎。

就像流行歌曲的歌詞一樣，女性不是要成為第一，而是要成為唯一，如果女性自己能擁有這樣感性的想法時，醜陋的敵對意識也會跟著變淡吧！

令男人一聽就倒胃口的話

有一些話，男人是絕對不希望從女性嘴裡聽到的！只要聽到這些話，即使妳跟他曾有千年的緣分，也會因這句話而瞬間毀於一旦。我們現在就來介紹這些「負面的話語」吧！

・捨棄女人身分的用語

男人對女性總是抱持著理想化的想像，即使已經有長久的交往，或是已經以夫妻身分生活在一起，還是希望對方是一個「可愛的女性」，這就是男人的願望！所以，當他們聽到妳捨棄女性身分的用語時，一定會產生幻滅的感覺。具體來說，就是講粗俗的話或是使用一些只有男人才會用的語言。

例子一：無傷大雅的髒話，像是「靠！」、「媽的！」、「真的很不爽！」、「叫他去吃屎吧！」雖然男人也天天都會說，甚至還有更糟糕的髒話，但是他們絕對不想從女人嘴裡聽到這些話。

例子二：會讓對方認為妳不是「可愛的女性」的話，例如：「唉呀！那個人真是討厭！」、「以前我都是……」、「因為你還年輕，所以不懂啦……」、「我已經一把年紀了……」這類「歐巴桑」的用語，也會給別人「妳已經開始變成歐巴桑」的不良印象。另外還有：

・會使男人自尊受損的話

例如：「如果是誰誰，他就會這樣做！」、「虧你還是個男人！」、「你真的知道嗎？」、「你到底是想怎樣？」、「你連這種事也辦不到嗎？」、「那不是理所當然的嗎？」、「你還沒有決定嗎？」、「又要去那裡？我已經膩了！」

男人的人生就等於是他自我證明的過程，因此自尊是男人人生觀中最重要的一部分。男人是不能忍受他們的自尊受損的。

具體來說，要是告訴他，他比別的男人還差，或是使用一些輕視他的用語，男人的自尊心就會受到傷害。另外，因為男人總是希望自己地位在女性之上，所以即使是表示自己和對方對等的用語，也最好不要使用。

・否定男人的想法與價值觀的話

例如：「我不是已經跟你說過了嗎？」、「這件事情明明就不是這樣！」、「這樣做一定會比較好的！」

這類指正男人的錯誤，主張妳自己的正確性的話，最能直接造成男性的自尊受損。此外，過於強烈地表示妳自己的主張，也會給予男人妳是在否定他，並想要強加妳的價值觀給他的印象，需要特別注意。

要是已經開始激烈的衝突時，在表面上退讓，才是最聰明的做法。只要說：「對不起，我好像有點太過堅持了！」這句話，就能讓衝突的狀況像開玩笑一樣的大幅改善。與其讓他知道妳是正確的，不如採用懷柔的策略，這是酒店小姐都知道的想法。

・咄咄逼人的話語

例如：「為什麼你不打電話給我？」、「你討厭我嗎？」、「你應該不會花心吧？」、「你剛剛和誰在一起？」、「為什麼你都不幫我做這個？」、「你又要和朋友一起出門嗎？」、「你昨天做了什麼事？」

男人被逼到無路可退時，就會逃跑。雖然他們喜歡把獵物追到無路可退，但是卻不喜歡自己被逼到無路可逃。男人最討厭自己的步調被別人打亂！以上那些都是女性常常脫口而出，但是男人卻很討厭的話。

第四章

創造無敵魅力的說話術

展現大氣的高明說話術

只要是曾經在銀座工作過的人都知道，店內第一名的紅牌小姐並不一定是絕世美女。不過到店裡來消費的客人（男人）倒是常因為以為第一名是多麼的貌如天仙，而把小姐叫出來看，結果因此發現對方只是一位外觀極其普通的女性而感到失望。事實上，雖然她們並不是絕世的大美女，但是卻絕對是一個溝通談吐的美人。能成為第一名的，不是那些不說話的冰山美人，而是那些和她聊天會感到開心的女性，這在銀座已經是眾所皆知的事實了！

那麼，要怎麼樣才能成為受客人（男人）喜愛，「和她講話會感到開心」的女性呢？

能讓對方感到安心，並高興地交談，一開始最重要的就是：

「要了解對方的苦衷！」

就是這件事情！不論是誰，都會有一、兩件不擅長的事。所以不能把關於對方不擅長，或是會讓對方感到自卑的話題搬上檯面。不要因為很感興趣就一直追問，也不要因為想深入了解就不斷提問、挖掘隱私，更不要因為覺得有趣就捉弄對方。每個女性都必須要注意這些事情！

舉例來說，這裡有一個對自己的聲音沒自信、不喜歡唱歌的人。要是去問這個人：「要是找你去卡拉ＯＫ，你也不會去嗎？」、「有那個人的歌，你肯唱嗎？」這類話題就是完全沒有考慮對方的苦衷。更甚者，要是在這時候跟對方說：「大家都喜歡唱卡拉ＯＫ，你竟然都不唱，真是怪人！」這類充滿否定的話，一定會讓對方永遠都不想再跟妳說話！

如果妳已經意識到這個問題，當大家在一起聊天，談論到與唱歌有

關的話題時，妳就可以巧妙地岔開話題，並想辦法使話題改變，讓他不必回答他不喜歡的問題。如果妳能這樣做，他一定會很感激妳，並進一步對妳產生好感。

其他可能會引發對方自卑感的關鍵字，包括有身體的事（身高、體重、頭髮、聲音、運動神經等），還有學歷、職業、經歷一類與過去有關的事。當提起這種話題時，要特別仔細觀察對方，如果他稍微露出「不快的樣子」，就要迅速轉移話題！要用這種能「包容對方的苦衷」的溫柔心態去對待男人，這就是能獲得男人好感的高級技巧。

還有一個重點是：

「不要否定別人！」

請妳稍微想像一下，在人來人往的地方痛罵自己小孩的母親。

看到這樣的事，妳會有什麼感覺？

再想想在公司的同事面前，輕易說別的同事壞話的女性。
聽到別人在說自己同事的壞話，妳有什麼感覺？
或是在有很多人的街上，因被男友怒罵而落淚的女性。
毫不在乎地在人群面前發怒，而讓女友哭泣的男人，妳會想和他交往嗎？

不論是哪一個，都不是會讓人覺得有氣度的言行舉止吧！
這些例子都有著以「否定他人」為關鍵的共通點，不論是激動的大叫、怒罵，或是趁別人不在的時候說別人壞話，都不會讓人感受到有「真正想解決問題」的想法存在，只是一味的否定特定對象而已。像這種採取「否定他人」行為的人，看起來就會非常醜惡，一點大氣的感覺都沒有。

所以，要站在對方的立場來思考，不要否定對方。

只要平常就能注意到這點，妳就能夠在別人面前展現寬容的氣度。

假設有人這樣對妳說：「那個服務生真是一點也不貼心！他根本不適合服務業吧！」而面對這樣的問題，如果妳回答：

「對啊！那傢伙真的很沒用！事情也記不住，老是給大家找麻煩！」

妳覺得這樣的回答如何呢？這是我們在店內常常聽得到的問答。

不否定男人的意見或想法，對酒店小姐來說是基本的說話術。就這方面來說，這個回答並不算是錯誤的。但是對於其他看到妳說別人壞話的客人來說，他或許會因此留下「這個小姐是那種會和別人在一起批評他人的人」的印象。

所以，比起那種答法，像這樣的回答妳覺得怎樣：

「是啊！因為他是新來的，還不習慣！真是對不起！」

如何？是不是既能向對方「很不貼心」的意見表達肯定，也沒有

「否定」這個服務生，反而還藉由「還不習慣」這句話來肯定了服務生呢？如果能更進一步接受客人不愉快的心情，並加以道歉，妳不覺得這就是個很有氣度與技巧的說話方式嗎？

所以要牢記，只要不採取「否定他人」的態度，就會使別人對妳的印象大幅改觀。

認輸是為了獲得更大的勝利

要是妳的朋友忽然變成超級名流，然後一天到晚打電話來向妳炫耀，妳會怎麼想呢？應該不會有人感到高興吧？

自己的生活過得比周圍的人們好、比別人得到更多好處、知識比別人豐富、比別人優秀……向別人表示這些事情的同時，也等於失去了他對妳的好感。只有妳自己知道，或是自己立下了什麼重大的功勞等，當別人強烈地從妳身上獲得這種印象時，也就等於妳給了別人「妳比較優秀」的訊息。

什麼人會讓別人有好感呢？這些人的共通點就是有一顆「謙遜的心」。只要妳謙虛，就可以發揮出與「尊重週遭的人們」相同的效果。

另外，把從別人那裡得到的資訊當成自己發現一般地說出口，也會

有損妳的魅力。假如妳的朋友告訴妳一間好吃的餐館，當妳把這件事傳達給別人時，絕對不可以採取「這間店是我發現的」這種態度。應該要在言談間向告訴妳這件事的朋友表達敬意，即使那個人不在現場，也應該說「這是〇〇告訴我的」。這是因為這類資訊比妳所想像的更容易在朋友之間互傳，所以如果能夠清楚表達這是從誰那裡獲得的資訊，會比什麼都不說來得好。

否則，要是妳傳達的對象，跑去向一開始告訴妳這個資訊的人說：「〇〇（妳的名字）發現了一間很棒的店！」那該怎麼辦呢？如果那個人是懂得替別人著想的女性，大概不會直接說出：「那本來是我告訴〇〇（妳的名字）的事情啊！」但是也絕對不會覺得舒服吧！當這種事持續發生，不久之後，妳就會被貼上「喜歡橫奪他人好意與資訊」的標籤！

當有人幫妳做了些什麼時，好好說聲「謝謝妳」是非常重要的。直接表達感謝之意，才算尊重對方。

另外，大家都曾遇過在工作上被前輩或是上司嚴厲指正錯誤的時候。這時，如果因為「想證明自己沒錯」而找藉口辯解，很可能逐漸演變為爭吵的情況吧？但是，大家可以想想看，即使爭吵的結果成功證明自己沒錯，妳的前輩和上司也不會覺得妳是一個有能力的晚輩、屬下，更不會認為妳是一個可愛的人！

尤其是當有其他人在場的時候，即使自己才是對的，硬跟長輩或上司頂嘴，強迫對方接受妳才是正確的做法，也不是有格調的女性的最佳做法！當然紅牌的酒店小姐更不會這樣做，因為那是一種非常不尊重上位者的做法。

人們在有第三者在場時，會更加注意自己的社會地位以及和對方間的上下關係。如果在別人面前，遭到處於下位的晚輩或是部下的反抗，不就代表自己的社會地位遭到威脅，而且週遭的人們還會傳出去，所以通常上位者會更強烈地想要封殺下位者所提出的相反意見或想法。

即使自己是正確的，也要為了尊重對方而故意放棄這場勝負！這種選擇，有時候是必須的。因為當妳這樣做時，反而會讓對方冷靜下來，開始思考並理解妳是否真的是正確的，進而創造出較好的結果。

這個道理不論對男女來說，都是相同的。

男人這種生物，天生就想要向別人證明自己的正確無誤。因為是想證明自己的生物，所以沒有辦法簡單地捨棄自尊，即使中途發現自己的錯誤，也常常會毫不讓步地與對方辯駁到最後一刻。這時請妳理解這件事，並主動認輸吧！紅牌的酒店小姐都明白，即使自己才是正確的，但是為了讓男人有面子，所以都會作出放棄爭論的決定。其實不論對方是男是女，這都是一個正確的選擇。能夠做出這個選擇的女性，就是一個懂得尊重男人的女性，在男人的眼裡自然會顯得非常有魅力。

故意認輸，讓男人有面子，這樣反而能得到身為女人的勝利。

能夠這麼有效地獲得男人心的手法，應該很值得一試吧？能夠辦到的女性，自然能受到男人的寵愛。

以交談的空檔吸引對方

在交談中，「空檔」也是很重要的這件事，應該不用再多說了吧？在相聲的世界裡，也有以「製造空檔」來引誘別人發笑的技巧。此外，如果妳曾經仔細注意的話，是不是也發現了在電影與戲劇中，在感動人的場景或台詞之前，一定會先有一個小小的空檔呢？

至今為止，我已經看過不少酒店小姐，靠著她那「發呆」所製造的不可思議魅力來吸引男人。她們那很緩慢，講難聽一點就是很遲鈍的表情，竟然能以不可思議的力量吸引客人，真是太令人驚訝了！

性格比較遲鈍，交談中時常出現「空檔」的女性，會讓男人自然地想展開追求。我認為這種狀況就是所謂的「空隙」。

遲緩的、有空檔地展開交談，就會創造出一種彷彿缺少什麼的氣

氛，這種氣氛就好像在交談上是有空隙的。而男人們很奇怪，他們自然就會想要針對這個空隙展開攻勢，甚至會覺得這個女性似乎「很容易哄騙」。這也算是在某種程度上對男人展開的性感攻勢，就是俗稱的「充滿異性的魅力」。

一位女性緩緩地、慵懶地開口說話的樣子，是不是會讓人感到很溫柔、很性感呢？這個道理大家一定都懂吧？

簡單來說就是：

製造空檔＝吸引對方的注意力

這樣想就可以了吧？最重要的是「在這個空檔之後要講些什麼」。在空檔之後所說的話，會留給對方更強烈的印象。

我就在這裡介紹一些酒店小姐常常使用的回話例子吧！

客人：「妳喜歡哪種類型的男人呢？」

酒店小姐：「讓我想想……」

（在此時製造空檔，就會讓男人產生興趣，提高他們求知的欲望。也就是讓對方進入想要仔細聽妳說話的狀況。）

酒店小姐：「努力追逐夢想的人！」

只靠這一句話，就可能使男人提升士氣。因為男人或多或少都在追逐一些自己的夢想。當男人好不容易才從對方那裡問出妳喜歡的男性類型，和自己竟有些許相似之後，想必妳已經可以想像他開始滔滔不絕地敘述關於自己逐夢的過程了吧？

附帶一提，要是像剛剛的例子，當話題是討論到自己理想中的異性，或是自己喜歡的興趣時，有一點必須要加以注意的，那就是：

不可以說出否定對方、或是和對方完全無關的事

隨時都要說出讓對方覺得有機可趁的話！因此，最好是採用一些不具體的、抽象的說法為上。這並不是要求女性們說謊，但是那些會因為對方的解讀角度不同，而產生不同意思的說法，絕對是最理想的！只要對方隨自己的意，把那句話往對他自己最有利的方向解讀，那妳就成功了！

讓對方隨意的解讀，比妳把事實具體地告訴他，更能讓妳留在他的心中，這可是高段的溝通技術之一喔！

回歸本題。

根據製造空檔的方式，也可以讓別人認為妳充滿優雅的成熟氣息。

這只要反過來想，就可以很容易了解了！一個女性如果完全靜不下來，一直讓視線飄來飄去，身體和手腳好像都很忙碌，講話的速度也很快，難道不會給人「她還很幼稚」的感覺嗎？雖然這種形象並不是不好，但是要是妳周圍的人都認為妳很像小孩，而妳想讓自己看起來更像個大人

的話，就要放慢說話的速度，肢體的動作也要放慢，並減少次數，而且不要四處張望。只要妳注意到這些，就可以輕易地製造出「空檔」，然後才能渾身充滿優雅的成熟氣息！

只要能注意到空檔的效果，並在必要的時候，利用空檔來進行交談，這些空檔一定能成為製造出愉快交談的香料。善加製造空檔，對於製造更有活力的對話來說可是一大重點。

輪流創造緊張與緩和的氣氛

在交談中輪流製造一點緊張與緩和的感覺，是非常重要的。

在交談的過程中，故意讓對方感到緊張，然後在那之後消除他的緊張感，當緩和的狀況持續一段時間之後，再特地給予對方緊張感。如此製造感情上的高低起伏，會讓人被這個話題吸引，並持續保有興趣。就像是相聲一樣，即使講的是相同的一段話，但是說的人只要使用不同的技巧，觀眾聽起來的感覺就不一樣，不論聽幾次都會想笑。這就是善於輪流製造緊張與緩和氣氛的技巧所能發揮的效果。

這種技巧的基本型式是「緊張↓緩和」。會長留人心的話，多半是依這個順序所構成的。好笑的話、恐怖的話、悲傷的話，不論是哪一種話，都可以靠「輪流製造緊張與緩和的氣氛」這項技巧，讓說出口的話更具有

衝擊力。

所謂的「緊張」，就是要讓對方產生興趣，進入「急著想問『什麼什麼？』」的聆聽狀態，這時對方的求知欲望最是高漲。而「緩和」則是告訴對方事情的結局或是結論，讓對方接受或是放下心來。

在這裡試著舉出男女之間常常發生的談話內容。這些是給予男方不安的感覺，好讓對方緊張，而後再瞬間讓對方感到安心、達成自己目的的對話例子。

兩人開始交往才經過兩～三個月，對彼此都還不是很熟悉。明天有期待已久的約會，在前一天晚上，女方打電話給男方。

女方：「我有必須馬上告訴你的事情……（此時放低聲音，並製造空檔。只要這樣做，男方就會開始緊張吧！）你不會生氣吧？」

男方：「怎麼突然這麼說？發生什麼事了嗎？」

女方：「……（製造更長的空檔，男方會更加不安，緊張感一口氣都湧上來！）明天我有想去試穿的衣服，你能陪我一起去看嗎？」

男方「（鬆一口氣！）原來是這樣啊！當然可以啊！」

如何？這個對話就是女方為了讓男方陪她去逛街，而特地製造出來的氣氛。

要是女方很直接地說：「明天陪我去逛街！」男方一定會因為覺得很麻煩，而隨口回答：「去別的地方啦！」但是像這樣，在交談中製造緊張與緩和的感覺，男方就會像乘坐雲霄飛車般，一口氣從充滿不安的狀況，恢復為安心的狀況。於是就會在充滿安心感的狀況下，愉快地回答出：「好啊！」這句話。

即使是這麼簡短的對話，也應該可以讓妳充分了解，藉著輪流製造緊張與緩和感，可以讓妳更充滿魅力的道理了吧！

模稜兩可的回話術

雖然很突然，不過讓我們來做個心理測驗吧！請妳想像一下以下的狀況。

妳對抱有好感的男性提出這樣的問題：「妳喜歡的藝人是？」他的回答是：「伊東美咲」……

妳有什麼感想呢？而且要是他的理由是「因為她很漂亮」的話……要是妳和伊東美咲長得很像，或是比她更漂亮的話，那就沒有什麼關係。但是大多數人都會認為「原來我不是你喜歡的型」而感到失望吧！他「喜歡的類型」和自己相差越大，妳就會越感到「因為完全不同型，所以大概沒指望了」，心情低落的妳便很難再展開積極的行動了！

那麼，要是他的回答是像下列這句話，妳覺得如何呢？

「雖然沒有特別喜歡的藝人，但是容易開口跟她聊天的女性比較好。開朗、有精神的女性也不錯。」

要是答案是這樣的話，是不是會讓妳產生「那我要努力加油！」的想法呢？

沒錯！只要不明確限定範圍，對方能夠接受的幅度就會大增，也就可以使好球帶的範圍因此變得更大。

要是男人邀妳一起去吃飯，妳被問到「想吃些什麼？」時，回答了「我想吃壽司！」或是「我想吃義大利料理！」這類具體的答案，但是男方卻不知道這附近哪裡有好吃的壽司店或是義大利料理店，這時不只會使男方感到困擾，還會讓他無法展現他厲害的一面。

這種時候，如果不限定種類，而以抽象的答案來回答，又會怎麼樣呢？假如妳回答：「我想吃清爽的東西」，男方就可以從自己擁有的餐廳情報中，選出可以吃到清爽食物的店家，然後就會有「要吃壽司嗎？日本

料理應該比較好吧？」或是「我知道附近有一間對青菜下很大功夫的創作料理店，妳覺得怎樣呢？」這類的建議產生吧！

要是妳一口限定了答案，對方的選擇就會變少，於是主導權便會落到妳的手上。相反的，要是妳只是表示抽象的意見、曖昧的回答，就可以順利把主導權交到對方手上。然後，得到主導權的男人就會產生「要讓妳感到開心！」的挑戰精神，因而努力地展開行動。談論他人的事情時也一樣，要是別人採取那種「完全把妳摸懂」的態度，妳應該會覺得很不高興吧？會這樣覺得的不是只有妳而已，其他人也是一樣。

男人尤其討厭女性隨便對他妄下定論，所以紅牌的酒店小姐絕對不會隨便對對方妄下定論，或是把話說得太死。而是採用不會對對方造成負擔，只要解釋一下就能讓他肯定，並進而接受的「灰色表現法」。

假設現在有一個穿著怪異的人在身邊，妳會直截了當地把妳的想法告訴他嗎？一定不會吧！與其說他奇怪，不如說他的穿著「充滿個性」，

這才是比較合宜的說法。妳會對遲鈍的男人說：「你真是不懂得看場合」嗎？應該不會吧！但如果妳說他「真是天真」的話，應該就不會造成負面的影響了！

酒店小姐最需要注意的，就是不要在交談中造成對方的不快。所以就算只是一個字詞，也要謹慎地加以選擇。要時常為對方著想，考慮對方的狀況。

另外，不使用像是「不懂得看場合」這種很明顯會讓對方感到不愉快的說法，是非常理所當然的。不過有時候，問題不是出在說法，而是在某些內容，也許妳並不認為這會讓對方感到不愉快，結果卻招致了不好的結果。這類內容特別容易集中在關於容貌的話題，有時妳自認是在誇獎他，結果卻反而造成他的反感，這種狀況並不少見，需要特別注意。

不論是什麼事情，如果加以限定或是太過斷定的話，對方就不能自由地加以解釋，也無法把它轉為對自己有利的方向！為了不造成這樣的

後果，就要使用「可以依照對方的想法，轉變為黑或白的模擬兩可表現法」。尤其是女性，這種不限定範圍的「模糊地帶的美」，正是最適合拿來與男性交談的高超技巧。

當然，生活中一定有必須清楚明白地分辨黑白的場合，但是像這種強調自己的主張，不論什麼事情都要分得一清二楚的歐美式想法，在服務業的世界裡是非常忌諱的，這應該不只我一個人如此認為才是。

引導對方正面思考的技巧

要活得更積極，看著前方努力生活下去吧！——不論是哪一本自我啟發的書上，一定都會寫著類似的話！但是，有哪一本書寫出「我們要如何思考，才能積極進取」嗎？我覺得好像不常見到。

假如有一個同事對妳說：「妳的朋友真是少啊！」這代表那個同事是把這件事當成負面的要素來看待。聽到這句話，能夠加以肯定，而且還能提出「理解自己的朋友只要有一人就足夠」的看法，相信自己是正確的，這種人一定很少！像這樣把事情朝對自己有利的方式解釋並自我說服，並不是所謂的正面思考，那只能說是弱者的自我防衛本能吧！

以這個例子來說，這時的妳在同事眼中已經有了「朋友很少」的印象。關於這件事，即使妳再怎麼努力，以各種理論來說服自己「朋友少」

並沒有錯，但是關於妳給同事「朋友很少」的這個負面印象，是不會有所改變的。

那麼要怎樣才能扭轉這種負面印象呢？怎樣才能消除妳受到孤立的印象呢？——思考這些事情，才是真正積極進取的思考，也才是真正的「正面思考」。

所謂的正面思考，並不只是把事物往好的方面想，而是正如其名，要把焦點集中在正面，讓它轉換到明亮的方向去。

正面思考並不是只為了自己而存在，反而是為了別人而存在的。我認為這才是「正面思考」的真正面貌。男人跟保持正面思考的酒店小姐聊天，會覺得舒服、變得有精神、變得開心，這是很正常的！所以一個能夠保持正面思考的女性，當然會受到男人歡迎。

假設男方這樣向妳抱怨：

「我都沒什麼朋友呢！」

這個時候，不應該把重點集中在「沒有朋友」這個負面的部分上，而應該要展現這樣的談話邏輯：

沒有朋友↓一個人獨處的時間很多↓都一個人熱中於哪些事情呢↓這些事情很有趣嗎？

採取這種想法，就能避免引出更多的負面想法，又能展現出對對方興趣的關心。於是，聊天的內容就能朝著比較開朗的方向前進了。當然，不論是誰都會有聽別人抱怨的機會吧！此時如果能夠抓住機會，把對話導到正面思考，然後愉快地聊天，那是最好不過的了！

每個人都有只有自己才知道的一面，以及別人才看得到，自己卻不知道的盲點。要是有人落入負面的思考狀態，妳就得靠著「只有妳才看得到的視點」，把對方的想法轉為積極正面的狀態。

事實永遠只有一個，但是看法卻是千差萬別。

雖然不能改變事實，但是不要直截了當地接受負面的想法，而是改變視點，考慮從其他方向去看這件事，以便發現正面、有意義的觀點，這就是正面思考的高明之處。

雖然我們常常說什麼「說話術」，看起來好像非常困難，但我們所關心的，終究是人與人之間的互動。所以，最重要的就是替對方著想的心情。要重視提供話題的人的心情，期望兩個人之間聊天的氣氛能夠明朗快樂，這種心情是最重要的。

不是只有自己獲得幸福就好，而是要讓週遭的人們也獲得肯定感與幸福感。

「咬了一口的蘋果」理論

如何引發別人的興趣？在心理學中，有這樣一段比喻：

①妳吃了一整顆看起來很美味的蘋果。

在那之後，對方問妳：「妳要不要再來一顆？」

②只咬了一口很美味的蘋果。

在那之後，對方問妳：「妳要不要再吃一口？」

在①和②兩個選項中，哪一個會讓妳覺得比較有再咬一口蘋果？在①和②兩個選項中，哪一個會讓妳覺得比較有「想吃蘋果」的感覺呢？多半是②這個選項吧？

所謂「咬了一口的蘋果」，就是在說明人只吃到一口蘋果之後，會有強烈欲望想去咬下一口的這種心理。這也是一種刺激對方產生欲求的方

法之一。

把這項原理運用在說話術裡，也就是當對方想要知道什麼事情或資訊時，不需要告訴對方太多，只要透露最小限度的資訊就好……這就是「一口蘋果」的運用。

當然人的心中，都有一種「希望能讓對自己有興趣的人更了解自己」的衝動！但是要是輸給自己心裡的這種欲求，而說出太多關於自己的資訊，就會讓對方感到沒意思。假設有人問妳平常都到哪裡去玩？而妳是這樣回答：「我都到代官山或是表參道買東西，夜遊則是比較常去新宿和六本木。尤其是六本木的某家店，我每個月都會去一次，還有……」不要說是女性了！就算是一個男人這樣回答，恐怕也很令人皺眉。

比起這種答案，還不如說：「我比較常和朋友一起去逛街。那你呢？你平常比較常做些什麼事呢？」這種回話，就是高明的酒店小姐會使用的說話術，也就是反過來用問題來回答對方，這種方法才是最高明的。接下

來，只要能根據對方的回答來擴展聊天的內容，並找出彼此的共通點、產生共鳴，那就是毫無異議的滿分了！

在服務業的世界裡有一句格言：「不說多餘的事」。基本上，一個紅牌的酒店小姐，絕對不會是「很多話」的人。雖然對酒店小姐來說，能不能和客人聊天、能不能和客人進行長久的交談，是非常重要的一件事，但是當客人已經因為聽到太多訊息而感到厭煩時，她們就會以「喔！是這樣啊……」的方式，婉轉地結束話題。

所以，女性一定要戰勝「想表達自己的欲望」，確實實踐「咬了一口的蘋果」理論。盡量讓男方開口，並巧妙地與對方產生共鳴。只要能辦到這點，對男人來說，妳就成了一個充滿神祕感的女性。這是因為，雖然你們兩人已經暢談了有共通點的話題，也度過了愉快的聊天時間，但是男方卻依然對妳不甚了解的關係。

第五章

讓男人為你瘋狂的聆聽術

溝通的基本原則就是分享

所謂的說話術，是我們用來與別人獲得良好溝通的方法。那麼，什麼是「良好的溝通」呢？要是不能抓住溝通的基本原則，是不可能獲得良好溝通的。溝通（Communication）的語源是拉丁語的Communis，有「分享」、「共有」的意思。也就是能和對方產生共鳴，才是所謂的溝通。為此，我們當然必須要深入了解對方，而「交談」就是進行溝通的一種手段。

為了能和對方產生共鳴、共享同樣的感覺，就要使用對方喜歡的語言，不使用會讓對方討厭的語言。關於這些，我們至此已經介紹過很多了。除此之外，靠著對方的表情、動作，就能了解他的心情，或是聽到他說話的語調，就能察覺他心境的變化，也可以算是溝通的技術！

不論如何，如果不清楚對方喜歡哪些事情，不喜歡哪些事情的話，是沒有辦法好好進行溝通的。舉例來說，對方是比較不注重禮儀，喜歡像個小孩似的胡鬧的人，還是比較喜歡規規矩矩、說話要有禮貌的人呢？妳應該能想像得到，這兩種人的聊天方式，以及他們所可能選擇的話題，都會完全不同。要是不知道對方的喜惡，而使用他討厭的方式跟他相處，即使妳抱持著再多的善意，也很難傳達給對方明白。

但是，也不可以為了想知道對方的事，就不管是哪一方面的隱私都直接開口詢問。尤其是才認識沒多久的人，這樣只會讓對方有所警戒並感到不快而已。人們在跟值得信賴的朋友說話時，所講的話、講的內容，甚至講話的方式，都會跟其他人說話時不同。相信妳也是這樣吧？

所謂的說話術，既然是用來建立人際關係的溝通技術，當然就包含「說」與「聽」這兩大部分。而我們在這個章節將以「聽」的部分為重點，以「要怎樣聽對方說話才能建立良好的信賴關係」為主題。

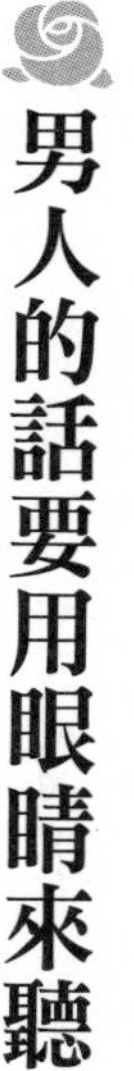

男人的話要用眼睛來聽

男人的話要用眼睛來聽，乍聽這句話，讀者多半只會覺得很茫然，不知道這句話到底是什麼意思吧？讓我在此好好說明。要彼此溝通意見的時候，一定需要注視對方的眼睛。人們的表情或言語可能作假，但是眼睛卻很難說謊。在人的身體裡面，眼睛是最誠實的一個部位。

認真注視顯露出對方真心的眼睛，以「眼神的接觸」顯示出妳認同對方的看法。話雖如此，但光只是茫然地看著對方的眼睛，是不會有效果的！最重要的是「時機」！當對方在追尋妳的視線時，妳也應該與他一致地尋求他的視線。這樣，對方就會認為自己確實被妳所重視，也被妳所接受。

那麼，什麼時候男方會想追尋妳的視線呢？

第一章已經說明過了，男人基本上是「狩獵民族」，而他們的思考模式就是以「達成目的」為優先。所以，當男人為了達成目的而展開行動後，為了確認這個行動是否達成效果、是否更接近目標，就會下意識地想要檢查一下。

交談時也是一樣的，當男方把自己想傳達的事情說完時，就會看著對方的眼睛，以確定自己說的話是否確實傳達給對方。當想傳達給對方的想法越強烈，男方注視的眼神也會越強、越直接。因此，女性必須理解在交談的過程中，男方想要傳達的是什麼事，以及他宣傳完成後的時機點。抓準他送出「確認眼神」的時間，並在這時望著他的眼睛，這種效果之大，難以言喻。

不管是關於家庭或是工作上的事，或是決定碰面的時間和地點，只要對女性有所求，或僅僅在那裡自鳴得意，男人也幾乎都會送出確認的眼神。此時，要是妳的眼神不和他接觸的話，他就會開始懷疑他的話是否傳

達給妳，他的發言是否產生效果，於是他便會開始感到不安。

雖然男人會期待他說話的時候，女性的視線能和他相視，但是當女性在說話時，男人反而不會去注視女方的眼睛。這並不是他不注意聽妳說話，而是他正在腦中努力消化女方所說的話。比起注視對方的眼睛來確認談話的內容，他們更想仔細了解並釐清語言的邏輯與道理，這是男人常常採取的行動。所以，當男人在說話時，由於妳可以控制自己的視線，因此比較容易有眼神上的接觸；但是當妳在說話時，如果男人只是在一旁傾聽，兩人就比較難有眼神上的接觸。即使如此，還是要盡量在交談中接觸對方的視線，這樣做不僅能夠建立彼此的信賴關係，還能給予對方良好的印象。尤其是當對方是男性時，只要不漏掉對上視線的時機，就能使他對妳萌生好感。

之前已經說明過很多次了，男人的人生價值就是要「自我證明」。只要有人接受他自己的證明方式，男人就會因此而感到滿足。所以，當男

人在傳達自己的主張時，就會不時送出視線給對方。也就是說，當男人在注視妳的眼睛時，就是他送出「請妳認同我！」訊號的時候。所以，接觸他的視線，能讓他覺得被接受而獲得滿足。

這是題外話，當女性在說話的時候，也有些男人會認真送出自己的視線。這樣的男人，簡單來說就是已經對對方產生興趣了！大部分的男人都知道，認真聽女性說話能夠獲得女性的好感。為了達成這個目的的男人，當然會在聊天時注視著女性的眼神，好藉此給予對方良好的印象。

回歸正題。在和男人說話的時候，可以根據談話的內容來判斷他送出視線的時機。就像之前介紹的那樣，當男人在進行自我主張，或是確認約定的時候，就一定是取得眼神接觸的時機。

相反地，妳可以從男方的視線來判斷，現在談論的話題有多大的重要性。要是他說話時一直很努力地送出視線，那就代表他現在在講的內容，正是他希望「妳務必要知道的事」。

知道對方的想法後，就迎接他的視線並接受他吧！然後根據妳所接受的視線強烈程度，像是反射一般，回敬相同程度的視線給他。這樣就能使對方與妳的信賴關係更加深厚。

可是，所謂的回敬要怎麼做呢？接下來會為各位說明！

鏡的法則

妳有聽過「鏡的法則」這個詞嗎？這種複製技巧也是說話術的一種，很多人把這種技術當作是一種建立信賴關係的方法，許多企業的教育訓練中也常常會介紹這項有趣的技術。

但是，我們這本書的重點是學習「如何抓住男人心」的高明說話術，所以讓我們來介紹其他書中不會提到的部分，也就是從關於「男與女」的角度來認識「鏡的法則」。

在「鏡射」這個語詞中，「鏡」正是關鍵字。在各種人際關係中，對方可說是映照出自己的一面鏡子。自己敞開心房的對象，也會對自己敞開心房。自己打從心底厭惡的人，對方也會同等厭惡妳——這就是「鏡射」。所謂「鏡的法則」，利用的就是這個道理，這是要讓自己假造出

「與對方擁有良好關係」的狀態，藉此快速地與對方建立信賴關係。

只介紹理論，聽起來會讓人覺得很困難，但是實際上的操作卻很簡單，妳只要成為對方的鏡子就可以了！雖然只要這樣做就好，但這卻是一個非常有效的技巧。

「鏡的法則」可分為物理層面與精神層面，讓我們分別來說明。

‧物理層面的「鏡的法則」

這是把實際看到的對方的動作，將之像鏡子一樣加以反射的行為。當看到對方把手伸向杯子時，自己也一起伸出手來。當對方翹腿時，自己也跟著這樣做。妳要彷彿一面鏡子似的，和他做相同的動作。

人有很多行動都是在下意識中進行的，只要妳不採取「百分之百完全模仿對方動作」這種不自然而且誇張的行為，對方就不會發現妳正在像鏡子般地模仿他。一般來說，大概只要模仿他百分之六十的動作就好。

一邊進行對話，並一邊在對方沒有察覺的範圍內，做出和他一樣的姿勢、表情、動作、坐姿、站姿，以及各種小動作。根據這些動作，對方就會下意識地產生「妳似乎和他很像」的錯覺。人類很容易對與自己相像的人產生安心與好感，只要妳以「鏡的法則」加以模仿對方的行為，就能使對方更開心、對妳更加不設防。

‧精神層面的「鏡的法則」

這是反射對方心境的一種行為，這種行為不是靠模仿對方的表情、習慣或動作來完成，而是要產生和對方一樣的心情。

當妳正開心時，如果和妳在一起的人也露出快樂的表情，妳是不是會感到更高興呢？要是妳正開心的時候，對方卻擺出一臉陰沉的感覺，那麼妳的快樂心情也會瞬間消失殆盡吧？或者，當妳正碰上傷心事而感到消沉時，對方卻一臉快樂的神情，或許會覺得這個人很討人厭吧？

所以，要懂得配合對方的心情，站在對方的立場，一起表現相同的喜怒哀樂來製造共鳴。這樣做的話，對方很難不對妳敞開心房。

此外，不論是誰也都擁有「希望對方了解自己」的迫切心願，想要抓住對方的訊息，就隨著對方說的話，模仿對方的心理狀態吧！「鏡的法則」還有其他不同的技巧，讓我來具體地說明。

・拷貝氣氛

這是一種配合對方心情的行為，不管是開朗的氣氛，還是沉悶的氣氛，請依照聲音的大小、強度，說話的速度與交談的節奏等，一一配合對手的腳步，製造出一致的談話氣氛。

・擬似對方的價值觀

這是把雙方都覺得同意，或是都否定的部分加以進行整合的行為。

每個人的喜好、思想或興趣都展現出自己的價值觀，請在對方的價值觀中，找出自己認同的部分，好與對方產生共鳴。但是若有自己的價值觀完全不能接受的部分，就要盡量少提。在對彼此有更深的了解，發展成更進一步的關係之前，不要說出真心話比較好。

‧模仿對方的情緒

聊天時抓準對方的情緒，讓自己也產生那樣的情緒，自然可以表現出相近的行為。當對方快樂地大笑時，自己也快樂地笑出聲來；當對方感到悲傷時，自己也要露出哀傷的眼神仔細聽他說話。當對方說到什麼東西害他哪裡很痛時，妳也露出彷彿自己那個部位也跟著痛的表情。

想要巧妙運用這項技巧，就必須鍛鍊自己的臉部肌肉。如果你的臉部已經能夠輕易地表達「喜、怒、哀、樂」等各種情緒，之後再根據自己所能展現出的模仿力，就能決定自己是否可以抓住對方的心。

這些內容對於那些常常閱讀心理學或是自我提升書籍的人，或許都已經知道了。但是，接下來要提到的，是以我身為一個銀座酒店幹部的身分，在看過這麼多優秀的酒店小姐之後，所得到的個人看法。或許這之中提到的會比較抽象，但是我期待妳也能夠抓住其中的感覺。

・能量層面的「鏡的法則」

這是我的個人看法，每個人都具有他所發散出的特別波動。我認為，人與人之間是否能互相吸引，就是靠這種波動來決定。而形成這種波動的，就是每個人所擁有的能量。

例如一個擁有夢想，每天都朝著實現夢想而努力的人，和一個沒有目標，整天渾渾噩噩，只會說些天真話的人，想必不太可能聊得多開心，或是變得多要好！因為這兩人根本一點都不合，他們的能量相差太遠了，怎麼可能湊在一起。

再舉例來說，同樣身為「公司的老闆」，一個是經過一番努力才成為老闆的人，另一個是繼承家業，把一切事務都交給別人，自己輕鬆享受的老闆，兩人一定會散發出完全不同的能量。

這也就是說，他們之間的波長是完全不同的，而人們很難與一個「波長與自己完全不同」的人一起行動。要是不能理解這種存在於心中的能量差異，就無法把自己的意識轉換得比較接近對方，如此對方當然會慢慢地產生「對方與我不合」的感受。

在男女之間的相處中，女性比較喜歡散發出比自己的能量還強的異性。但是在這種情況下，雙方的能量和波長肯定有相當的差距。此時，如果繼續維持著這樣的能量差，當然很難與對方產生共鳴。所以女性必須想辦法提高自己的能量，好追上對方的等級。

假設對方是一個擁有很多興趣，運動頻率和教養水準也都很高的男性，那麼自己也要更積極地展開各種活動，才有辦法追上對方。

關心他就可以獲得他的信賴

常常有人說，擅長說話的人，就是擅長聆聽的人。那麼，怎麼樣的人才是擅長聆聽的人呢？簡單來說就是：

能夠增加對方發言量的人。

僅此而已。

要是讓對方認為「即使對這個人講這些也沒有用」的話，就等於是已經出局了！對方在妳展現聆聽技巧之前，會先從妳是不是誠實的人、是否能站在他的立場、會不會對他講的話有興趣這幾點來判斷妳。

為了成為能夠增加對方發言量的人，也就是成為一個擅長聆聽的人，妳需要對方先對妳產生「信賴感」。能讓對方產生信賴感的聆聽技巧

就是：

按照對方的步調來聽

就是這種聆聽技術。職業的心理諮詢師在遇到對方不太願意開口說話時，是絕對不會去催促對方的。有時可能得經過十分鐘以上的沉默時間，對方才肯開口。為了獲得對方的信賴，心理諮詢師會徹底配合對方的步調來聽他說話，以對方為主體，直到他真的想開口為止，靜待時間流逝。他們是不會強逼一個不想說話的人開口的。

當妳相處的對象是那種不太願意開口說話的人，或是聊天中提到比較沉重的話題時，只要像心理諮詢師般地應用這項技巧，就可以從對方口中把話給引出來。

由於男人們在酒店中多少會喝點酒，所以狀況與外界有些不同，在酒店中，能讓氣氛愉快熱鬧是最重要的。要根據對方關心的程度，適當地

點頭或回話，把氣氛炒熱，讓對方更想繼續開口說話。小姐們得配合男人的波長，陪著對方一起笑，或是適時地開點無傷大雅的小玩笑。

紅牌小姐會在聆聽的「動作」（做出聆聽的姿態→眼神接觸→各種動作→反射）這部分下工夫，然後配合時間、地點以及場合，來判斷要如何才能讓對方更舒服地聊下去，或是讓對方成為談話中的主角。

那麼，讓我來為大家介紹一些紅牌的酒店小姐非常善於應用，經常加以實踐的做法，只要能夠學起來，妳也可以成為善於聆聽的人。

‧如何聽對方說話？

妳知道對方想從妳身上獲得的東西是什麼嗎？他是希望妳能單方面地聽他說話，還是希望妳能和他一起聊天？聰明的女性會從對方散發出來的氣氛，判斷出對方想要追求的東西，並加以配合。從聆聽者這一邊來看，就是要判斷對方是想和妳傳接球，還是只想投球，幾乎所有的狀況都

可以概分成這兩者喔！

另外，當對方只想投球時，妳還得判斷出，他是想要妳認為他很厲害，或是想要妳認為他很帥氣，還是想要妳認為他很幽默，又或是想要妳覺得他很有錢，或是很受女性歡迎等。對方究竟希望妳怎麼看他，有很大的不同。要是妳能確實抓住對方的需求，就能輕易讓他持續不斷地暢談。

・當對方忽然改變話題時

當對方忽然改變話題時，代表他認為這個新的話題非常重要，那是他即使打斷對方的話，也想要傳達的內容。請妳務必要察覺他的心境。

對方之所以會忽然改變話題，原因不外乎這兩種：

①他拒絕再談剛剛談論的話題

②他對接下來要說的話非常有興趣

要是接下來要談的內容，是關於他的價值觀的話題，那就可以解釋成他希望妳能理解他接下來要說的話，也就是②的狀況。但如果接下來要談的，不是主張他個人意見的話題，或是使用「話說……」這類連接詞來忽然轉移話題，那麼多半就是發生了①這種拒絕再談剛剛的事情的狀況。

不論是哪一種，忽然改變話題之後，為什麼他會開始敘述現在的話題？其實就是在對妳送出「要更仔細注視我的內心」，或是「採取聆聽對方發言的姿態」的暗號。這是能讓妳更加深入了解對方的機會。紅牌的酒店小姐是不會放過這種機會的。

對方究竟是抱著怎樣的心情在說話的？能夠考慮到這件事的人，才能成為一個貼心的聆聽者。

不只聽言語，還要聽聲音

能夠察覺對方的苦衷，即使對方想要在這裡自吹自擂，也配合他來進行溝通，這是酒店小姐必須具備的重要能力。因此，每個稱職的酒店小姐都應該能察覺對方心裡的想法。

不論是誰，都會有「希望別人眼中的自己比實際上還偉大」的時候吧？這時，對於沒有做得很好的事情，會故意撒點小謊矇混過去；對於做得不好的事情，則很可能加以掩飾！紅牌的酒店小姐不僅能識破對方的言語或是表情，而且還能察覺對方的真心，並具備「接受它的包容力」。如果你也能成為這種女性，當然會顯得與眾不同。

俗話說，眼睛表達的比嘴巴還多。不論妳做出怎樣的表情、說出怎樣的話，眼睛都會表現出妳的真心，眼睛是不會說謊的，這是事實。但

是，如果不是很誠實的人，眼中送出的訊號就不會很強烈。即使能靠視線判讀對方的心情，但是想要從眼睛之中直接獲得對方的想法，不經過一點訓練，是很難辦到的。

舉例來說，請妳想像這裡有一個充滿精神的人吧！他會有怎樣的眼神呢？又或者是有一個因為感冒而頭痛的人，妳能想像出他的眼神嗎？應該很難產生具體的印象吧？要是只把眼睛部分照在相片上，妳能判斷出哪一邊是健康、有精神的人，哪一邊是身體狀況不佳的人嗎？我想應該非常困難吧？

那麼，如果是聲音的話呢？能想像得出來嗎？例如一個充滿力量，聲音開朗宏亮的人，一定很容易讓人感到他非常有精神吧？相反地，一個講話的時候語尾音調下降、聲音逐漸轉弱彷彿快要消失般的人，一定會讓人覺得他缺乏自信或是心情消沉，實際狀況應該也相去不遠！

人在說話時，不只是音質會留給別人具體的印象，發聲的方式、說

話的速度、音調的高低等，也會提供別人各種資訊。把這些集合在一起進行判斷，就能成為了解對方心理的一種手段。

就女性來說，聲音變高通常代表她想讓對方見到她喜歡交際的一面。不論男女，要是說話速度變快、聲音提高、字與字之間的間隔變短，大多代表他被對方逼急，正處於慌張或興奮的狀況。

所以，如果還沒有辦法藉由眼神來判斷對方的話，不妨靠聲音來判讀對方的心情，因為即使對方的用詞再怎麼逞強、再怎麼扭曲事實，想要在聲音上完全造假，是非常困難的。

人們有時會脫口而出一些自己根本沒想過的事，或是選擇在自己脆弱的地方披上一層鎧甲的用詞。為了要窺見鎧甲裡面赤裸的內心，就要仔細傾聽對方的聲音。銀座一流的媽媽桑能夠靠對方一開始說話的瞬間，就判斷出他是因為工作而感到疲勞，或是心裡感到迷惘，還是身邊一切順利，並適當地回答對方。

當妳很高興時，要是對方能夠發現，並且為了能看到妳高興的樣子，而專心地當個傾聽者，妳是不是會因此感到更高興呢？當妳感到痛苦時，要是有人可以不等妳說出來就察覺妳的心情，並成為妳內心的支柱，妳是不是會感到安慰呢？並不是只有妳才有這種感覺，其實所有的人都是這樣的。

不可思議的沉默技巧

正如「沉默是金」這句格言，沉默是有深遠意義的。但以沉默來說，自己所製造的沉默，與對方所製造的沉默，卻是有不同意義的。這裡就來說明在交談中，對方所製造的沉默究竟是為什麼？

對女性來說可能很難理解，但是男人這種生物是會和自己對話的。當男人沉默時，就代表他正在和自己進行對話。

人類是無法同時思考兩件事情的，當一個人正在說話時，很難同時想著完全不相干的事情。也就是說，對話中的沉默，代表在之前所說的話中，存在著會讓男人想和自己對話的內容。

要是妳認為，沉默之前的對話是很正面的，那麼就等待男人自己打破沉默吧！認為這場沉默不太妙，而隨便繼續說話，並急著想轉換話題，

由妳這邊單方發出聲音、打破沉默，有時候是很不應該的。對男人來說，沉默代表他正在咀嚼、消化剛剛所聽到的事，這段時間是要把這些事留在心中的重要時間。所以，最好不要影響男方的步驟，何妨耐心等待。尊重男方沉默的時間，能讓妳所留下的正面印象長佇在男方的心中。

但是，想要知道這場沉默是正面的原因還是負面的原因所造成，就只能靠之前的談話內容和現場的氣氛來判斷了。例如對方頻繁地變換跨起來的腳，或用手去接觸臉部，露出很在意時間的樣子等，這些大多屬於負面的肢體語言，這時你就應該要能判斷，他的沉默真的不太妙！如果對方是對妳有興趣，想要知道更多關於妳的事，或是張大他的眼睛，散發出更強的光芒等，就可以認定是正面的沉默！最重要的是要感覺出兩人之間的氣氛，並且想辦法去配合氣氛來應對。

那麼，當對方是因為負面的原因才開始沉默的話，又該怎麼辦才好呢？這時候，就要向對方提出詢問。

就像之前說過的一樣，人類是無法同時思考兩件事情的。也就是說，當他正在心裡與自己對話時，是沒有辦法同時思考與沉默的內容完全無關的事情的。當他在與妳說話時，腦中能夠思考的，就只有他正在向妳敘述的內容而已（當男方是聆聽者時，的確可以思考別的事情，但是男方正在說話時，很難思考別的事情。）這時候，就要靠提出問題讓對方回答，好清除掉他心中那些負面的要素。舉例來說，就是像這種感覺：

男：「昨天晚上，我打電話給妳，**妳沒有接呢！**」

（男方在這之後開始沉默，他正開始在心中刻劃妳沒有接他電話的負面印象。）

女：「對不起，我把電話忘在家裡了！你認為我當時應該怎麼做才好呢？」

（使用問題回答他。）

男：「……」

（開始吐露**不滿**，說明妳當時應該做的行為。）

女：「原來那樣做就可以啊！真抱歉，我竟然沒想到！」

像這樣，只要使用問題來回答對方，男方思考的內容就會從「打了電話妳卻沒接」的負面話題，轉變為「希望妳採取哪些行動」的事情了！只要內容產生變化，話題朝向其他方向展開，就有機會讓兩人的交談朝正面的方向發展。

這時要是沒有提出問題，而是為了打破沉默，焦急地開始敘述大量的藉口，簡直就太不聰明了！因為不管那是藉口還是其他話題，男人都聽不進去，只會靜靜地把對妳的負面要素刻劃在心中。

不是妳說，而是要讓男人開口。

這是非常重要的。

另外，能夠直覺地利用這個「沉默的時間」的人，也可以輕易看穿對方的謊言。

妳是否也曾經有這種經驗呢？當妳向對方詢問對他不利的問題時，男方會比平常說更多的話來辯解，好讓妳接受他的解釋。要是妳開始沉默，他就會為了打破沉默而辯解得更詳盡……。

這是由「想要快點推翻對自己不利的狀況的心理」所引發的現象，人們想要隱藏謊言時，特別容易出現這種「症狀」。只要妳沉默下來，對方的心情就會劇變，他所感受到的焦慮，就會轉為話語脫口而出。

總歸一句，遇到負面狀況的沉默時，要記得提出問題來轉換成正向思考。如果遇到的是因為正面因素所造成的沉默，那麼只要配合對方的步調，耐心等候即可，這就是善加利用沉默的說話術！

另外，當妳為了破壞負面的沉默狀態而提出問題之後，仍有特別需

要注意的地方。那就是當對方開始針對妳提出的問題回答時，妳必須採取比之前更加認真的態度去傾聽才行。

明明是妳提出的問題，卻不是很注意聽他說，甚至在中途打斷他，又提出別的話題，如果妳是對方，會有什麼感覺呢？一定會認為妳對他一點都不用心吧！說不定還會產生「妳剛剛提出的問題只是單純的想要轉移話題」的印象。這樣一來，好不容易打破這場負面的沉默也變得沒有任何意義，因為就這麼一瞬間竟又造成了新的負面印象了。

當自己詢問對方之後，就要採取好準備聆聽的姿態，認真聽對方發言。要讓對方體會到妳對他的真誠心意，當然必須比之前提問的時候更加專心注視他的表情，好好聽他說話才行。

第六章 紅牌小姐用好，妳用也好！

讓對方大大感動的稱讚法

妳相信有人被稱讚之後會不高興的嗎？當然沒有！但是現在大家卻都不太會稱讚他人，我想這點應該不是只有我這樣想才對。

希望自己能被認同的欲望，是人所共有的，但是因為沒有人稱讚自己、沒有人認同自己，而感到有壓力的人卻不斷增加，說起來也算是一種社會現象吧！不論是誰，都有希望被認同、被愛的渴望，但就是現代社會如此冷漠，所以男人才會為了重新找回自我的認同感，並且為了治癒自己的心靈，而花錢到酒店找這些小姐。

那麼，身為一個女性，甚至身為一個酒店小姐，要怎麼稱讚對方比較好呢？用什麼方法稱讚對方，可以讓他感覺更開心呢？不論是誰都想「被稱讚」，但是比起那些看起來很不自然的馬屁，妳不覺得「命中要害

的稱讚法」更能巧妙地留在對方的心裡嗎？（當然，說實在的，在需要喝酒的酒店世界中，許多人真的只要有人對他隨便拍馬屁，他就高興得不得了，這也是事實。）

稱讚對方是服務業的鐵則，但是，如果要從「震撼對方心靈」這種水準較高的要求來看的話，「稱讚對方」這項行為就不是這麼簡單了！這裡就先介紹一些可以簡單地使對方喜悅倍增的稱讚法。

請妳想像一下，假設妳用努力存來的錢買了昂貴的皮包，

某個男人在看到那個皮包之後，誇獎說：「那個皮包真漂亮！」

另一個男人則說：「這個皮包好看，跟妳這身的服裝打扮真相配！」

哪一種稱讚會讓妳比較開心？妳對哪一個男人有比較多的好感呢？

我想大概是後者吧！我的猜測有錯嗎？

這是非常簡單明快的一種法則，

人們希望自己本身受到稱讚。比起稱讚物品，稱讚那個人本身，更能撼動對方的心。

在剛才的例子裡，第一個男人只稱讚了皮包，也就是只稱讚了「物品」；但是第二個男人不只稱讚了皮包，還稱讚了對方搭配穿著的品味，也就是稱讚了「人本身」，所以女性當然會對後者的稱讚感到更開心！

所以，稱讚的時候要稱讚「對方本人」，

稱讚東西的時候，則要一起稱讚「東西＋對方的判斷力」。

要隨時注意這個重點。舉例來說，一個不久之前只是個剛入社會的新鮮人，穿了一件很瀟灑的西裝外套，並散發出沉穩的氣質，這時如果你

對他說：「那件外套很有質感，讓你看起來很專業。」對方一定會覺得妳是在稱讚他已經脫離青澀感，正式踏入專業領域！這才是聰明的稱讚法！

至於對方若是喜歡穿戴名牌，只要去誇讚那個物品是不是最新商品、是不是限量商品、價錢高不高等，將焦點集中在這幾點上，就可以輕鬆切中對方的要害。這是因為，喜歡名牌的人大多有「藉由穿戴大家都知道的高價物品，來讓別人認同我的能力」的心理。人們穿戴名牌時，都希望把名牌本身的力量投射在自己身上。只要知道人類這種思考傾向，就可以自信地稱讚他了！

讓我們來歸納一下。

稱讚眼睛可見的物品時，一定要一併稱讚那個人的判斷力。

如果了解對方的話，就稱讚他的個性。

如果知道對方的思考模式（在意錢、工作、受異性歡迎、帥氣、幽

默或其他特質），就可以針對這幾點稱讚對方。
這才是高明的稱讚方法。

如何接納對方的缺點？

酒店小姐在接待客人的時候，常常可以看到男人身上的各種缺點，小氣、好色、嚴厲、裝偉大、囉唆、任性、不看場合、自我中心、輕率、優柔寡斷、太注意細節、無趣……只要一開始舉例，簡直就沒完沒了。

那麼，我們稍微針對這個問題來思考看看。

這裡有兩家類似的百元料理店。

其中一間店的老闆，是抱著「既然每道菜只賣一百元，所以就花一百元的功夫煮就好」的心態在經營。

另一間店的老闆，則是充滿自信地抱著「只要吃下去，就會驚訝於這道菜竟然只要一百元」的想法在經營。

妳會想去哪一間呢？我想一定是後者吧！

酒店業也是相同的，在接待客人時，懷著「這個客人真是討厭」心情的小姐，和抱持著「即使不是戀愛對象，也要對這個人抱持興趣」心情的小姐，兩者在客人之間的受歡迎程度，真的可說是天差地別！

不論是怎樣的客人，都能「對這個人抱持興趣」的紅牌酒店小姐，通常都很「擅長思考」。這裡所謂的擅長思考，指的就是具有把負面思考轉換成正面，或是轉換觀察角度的能力，而她們最擅長的，就是將負面的事物在心中轉換成自己可以接受的正面事物。例如我們剛剛不是舉出一大堆「男性的缺點」嗎？這些紅牌小姐到底是怎麼轉換思考的呢？讓我們來看看她們是怎麼想的吧！

・小氣＝對金錢的態度很明確，能維持收支平衡，是個值得別人依靠

的男人。

‧好色＝這是英雄的本色，是充滿精力、擁有致力於工作或是興趣的能量的人才有的特質。

‧嚴厲＝很可靠，能給予別人不平凡的愛情，可以擔任能幹的上司。

‧裝偉大＝可能的確擁有很高的社會地位，擁有較好的判斷力，是個能負責的人。

‧輕率＝能讓氣氛愉悅，是團體中不可或缺的開心果。

‧太注意細節＝一絲不苟，很規律過生活的人。

‧囉唆＝懂得抒發自己的心情的人，通常不囉唆的時候都是好人。

‧任性＝充滿自信，是個有自我主張的人。

‧無趣＝認真率直的人。

‧自我中心＝很積極，可能成為領袖的人。

‧不懂得看場合＝很天真的人，會做出意料之外的趣事。

這些紅牌小姐靠著這套「化危機為轉機」的正面思考法，從男人的缺點中找出對方可能有的優點，因此才能繼續開心地與對方聊天。說不定很快地，就會從聊天中發現那個人真正的優點。

中國人很相信太極，太極中有個重要的哲學，就是不論任何事物都有好的一面與不好的一面，不論什麼事都可以根據角度的不同，而轉變為陽的一面或是陰的一面。

讓對方投入妳的懷裡

讓妳願意投入他懷裡的人，給妳什麼感覺呢？他一定是讓妳感到很溫暖、很安心，說不定不用言語，他就撫慰了妳的心靈，是嗎？

反過來說，要讓對方投入妳的懷裡，代表著妳一定是對對方極具吸引力吧？想必他一定覺得妳非常溫柔，給他很舒適的安心感，更不用說他對妳的好感了！那麼，要怎麼做，才能讓對方投向妳的懷抱呢？

從心理上來說，自己最脆弱的部分如果能為對方所接受，自己就能獲得最大程度的安心感。人們之所以感到被安慰，就是因為自己被對方真正「接受」的關係。

那麼，就讓我們特意來製造出這種狀況吧！或許這聽起來有點殘酷，但是為了要讓對方投入妳的懷抱，有時我們不得不去刻意攻擊對方感

到自卑的地方。換句話說，就是要趁機利用他的弱點（聽起來更逼真了吧？）來占領他的心！

酒店小姐總是給人一種「很會稱讚男人」的印象，實際上也確實是如此。只要找到適合稱讚的地方，酒店小姐就會自然地大加稱讚對方。其實除了稱讚之外，酒店小姐這時候也同時在觀察對方，會對哪些事情有反應，然後尋找對方自豪的事情。

而在對方自豪的事物反面，通常就是對方最感到自卑的地方。例如，對過去的自己感到自豪的人，在這個行為的背後，通常隱藏有「他對現在的自己感到不甚滿意、否定現在的自己、對自己的現狀有自卑感」的事實。

附帶一提，一般男人常感到的自卑種類，包含有職業上的自卑感、出身上的自卑感、學歷上的自卑感、外貌上的自卑感、能力上的自卑感、人際關係上的自卑感、戀母情節、戀童癖、戀物癖等，真是不一而足。請

在平常的對話中仔細注意，只要能發現對方自豪的部分，就一定可以找到對方的弱點。

那麼，接下來就來介紹具體的技術。

發現對方抱持的自卑感之後，就要針對這點向對方提出質問。直到對方最後說出：「我真沒用……」這種心情降到谷底的話為止。如此一來，就會讓他陷入他是在和一個已經相處多年，能夠互相理解的戀人說話的感覺。為了接受對方的自卑感，要能夠以肯定的態度去面對對方不想多提的事情。靠著正面思考進行轉換，把對方認為是「弱點」的地方，當作是正面的來接受。然後在交談中，把妳所認為的「對方的存在價值」與他的優點說出來。這樣一來，對方自然就能獲得能量了！

另外，正在煩惱工作不順利的男人，不妨直接接受這樣的他，並把他擁入懷裡。當男人在煩惱的時候，千萬不要給予建議或是幫他分析情勢，當然更不能數落他！最重要的是，要能夠以肯定的態度接受在他目前

的狀態。

簡單來說，只要妳接受對方現在的狀態，就能讓他打起精神，這樣能使對方對妳產生「心靈距離大幅縮短」的效果，甚至讓他認為妳簡直已經到達「戀人的等級」了！

不讓任何人受到冷落

當有三人以上聚集在一起聊天時，常常會發生只有一個人在說話，其他的人都在聽的狀況。這時，三人中間會有負責控制整體狀況的人（Controller）出現。這個控制者的工作並不是由特定的某人持續進行，而是會看情況適時交替的。

酒店小姐在接待客人時，是絕對不能讓任何人受到冷落的。雖然根據當時的氣氛，也會有需要故意孤立某些人，好讓大家能把精神集中在關鍵人物身上的情況，但是能讓所有到店裡來的客人都感到開心，才是最厲害的小姐。

所以，要主動對看起來受到孤立的人提出：「你覺得怎麼樣？」這類的問題，好讓他有機會開口。如果有人無法跟上現在的話題，那麼把話題

轉為大家都能接受、參與的主題，也是控制者的工作。酒店小姐天天都要努力讓桌上的每個人，能夠輪流成為話題的主角。

對那些不加入對話、採取沉默態度的人，必須仔細觀察他聽話的反應，之後只要針對他的反應進行深入地詢問即可。若是他突然對什麼話題笑了出來，可以趁機問他：「是不是知道什麼真實例子？」這也是很高明的一種做法。

要是妳很了解這些人的背景或是關於他們的事情，那麼掌控氣氛的難易度就會一口氣大幅下降。「○○你也常常這樣說呀！」、「○○也是○○人，對吧？你們同鄉呀！」、「這件事情○○很拿手呀！」像這樣把話題對準他，就能順利讓沉默的人也加入對話中。

總之，酒店小姐的工作，就是要仔細觀察整體的狀況，輪流讓大家加入聊天，並且隨時注意每個人的心情。用心在每個人身上，努力讓所有人都感到愉快，這是紅牌酒店小姐的高明之處。

選擇深得男人心的話

紅牌酒店小姐十分清楚要說什麼話，才能深得男人的心。她們知道，只要稍加選擇使用的詞語，就能輕易動搖男人的心。

在這裡就來介紹酒店小姐使用的語詞中，最簡單但是也最有效果的話。這些語詞不只可以應用在交談上，就連在電子郵件中使用，也都能發揮很大的功效。

這項技巧就是，用「呢、嗎、對嗎」等語尾助詞來替句子收尾。

就只是這樣而已？但事實上，只要在語尾使用「呢、嗎、對嗎」等這類語尾助詞，就能使你說起話來更加柔和，也能變得更有女人味。

舉例來說，當妳想問對方：「你想做什麼？」時，使用「呢」來收

尾，改說：「你想做什麼呢？」或是在說：「是這樣？」的時候，改用「嗎」來結束，變成「是這樣嗎？」只要這樣做，你說的話聽起來就會比別人柔和，而不會給人一種很尖銳的感覺。

當詢問對方：「是這樣吧？」時，會讓對方產生「妳認為自己的意見是正確的」感覺，甚至會有妳是以上位者自居在教導他的印象。所以若是改說：「是這樣對嗎？」，以比較沒有侵略感的方式來結尾，就能讓對方忽略掉言語中是否存在任何上下關係，而能同意妳的意見。

萬一妳認為對方傳達給妳的訊息是「錯誤」的時，直接告訴他：「你說錯了！」，就等於是直接在否定對方。此時要是能以「呢」收尾，改用「我以為是○○呢！」就會給對方一種「妳自己也不確定，所以不知道正不正確，但是妳認為是○○，究竟是不是這樣？」的感覺。雖然繞了很大一圈，但卻是比較婉轉的表現手法。

但是，即使一樣是使用「對嗎」，如果在前面先加上否定字，例如

說：「不是〇〇才對嗎？」來表現，就會變成「妳知道正確的答案，而且正想把正確答案告訴不知道答案的對象」，這是需要特別注意的。

使用「呢、嗎、對嗎」來收尾，是讓自己居於下位，也是尊重對方的一種表現。

在與男人交談時，不能採取「教導的態度」這點，在前面已經詳細說明過了！要讓男人有面子，不帶給男人負擔，要讓男人覺得和妳在一起很舒服、很放鬆——能夠這樣安撫男人心靈的女性，就能吸引男人。只要能掌握男人這種心理，自然就能磨練出更臻完美的說話術，成為更受男人喜愛的女性。

需要注意的是，要是太過濫用這些語尾助詞，會讓妳顯得太過孩子氣，好像一個尚未成熟的小孩，所以只要用在句子收尾的地方即可。要注意不傷到男人的自尊心，不去否定對方，並理解男人的心情，善加利用「呢、嗎、對吧」來收尾吧！

我想，要一下子就在平常講話時實踐這項技巧，恐怕不是很容易的一件事！所以，建議妳先使用電子郵件來進行練習。電子郵件可以花比較長的時間，仔細考慮之後再擬出信件，所以自然可以實踐這個技巧並獲得一定成果，請妳務必試著挑戰看看。

第七章 徹底占領男人心的必殺絕技

提升男人對妳的渴求

男女之間是否有溝通的基本策略？在以心理學為基礎，介紹高級兩性說話術的本書中，不介紹這件事是不行的。

想更了解關於妳的事、想再多見妳一面、想更接近妳、想和妳一起度過更長的時間、想和妳約會、想和妳一起去旅行、想和妳一起吃美味的食物……妳相信有一種方法，能達到像這樣讓男人「想得到更多」的情況嗎？這種事有可能嗎？大部分的人應該都會想知道吧？

那麼，為了讓妳不會忘記，就讓我把這個方法化為實例來說明吧！

想要跟妳再一起多做些什麼——這就是所謂的欲望。

首先從想像開始，請想像水流湧現而出的樣子吧！

要是把這個水流的出口用牆壁圍住的話會怎麼樣呢？水應該會在牆壁的後面逐漸累積，變得越來越多吧？

這時候如果把圍住水的牆壁除掉的話，會發生什麼事呢？水當然會開始流出來！而且累積在牆壁後面的水量越多，水流就會越強、越充滿能量，對吧？這裡的「水」正是欲望實體化的表現！累積在牆壁後面的水量，就代表了欲望的大小，而釋放出來的能量大小，正和能獲得的滿足感成正比。

妳已經抓到這種感覺了嗎？

本來因為想買東西而到商店去，結果發現自己想要的東西已經賣完了。找了許多家店，卻怎麼都找不到想要的東西，正想放棄的時候，走進最後一家店，卻忽然發現想要的東西，而終於得到手！這種狀況和只是偶然走進商店裡看到某樣東西，忽然產生購買的衝動，而把東西買下來相比，費盡千辛萬苦才得到，應該比因為衝動而買到所獲得的「滿足感」來

得大得多吧！比起靠零用錢就能輕鬆買下的東西，一個想要但是很貴，必須努力存錢之後才終於買到的東西，會讓人更感到高興！

這就是「應對進退」的技巧中最重要的一環。

請妳回想一下，為了讓水能逐漸累積，應該做什麼事呢？記得是……建造一面牆壁來阻止水流吧？

世界第一善辯的天才哲學家蘇格拉底也這樣說：「一定要先拒絕一次對方的要求。」沒錯！這就是提升對方欲望的心理戰術。舉個具體的例子，就是這麼一回事。

男：「妳這個星期六有空和我一起去吃飯嗎？」

（想和妳約會的欲望。）

妳：「對不起，我那天已經有約了！」

（透過拒絕來築起一面牆。）

男：「這樣啊！那只好下次再找機會囉！」

（想獲得的欲望增強，水已經開始累積，「想見面」的想法也逐漸增加。）

……一段空檔之後……

妳：「等等！沒問題，時間上似乎可以配合了！」

（把牆壁除去，讓水釋放出來。）

男：「什麼？真的嗎？」

（在心中做出勝利的手勢，想獲得的欲望轉變為成就感，比妳直接答應他還更感到滿足。）

要是直接就滿足對方的欲望，不但無法給予他成就感，還會使妳在

他心中的價值感相對低落。在不論哪裡都能喝到水的地方喝到一杯水，和在橫越沙漠之後喝到的一杯水，雖然同樣都是水，但是價值卻完全不同。要比喻成讓對方喝水的話，是自來水程度的一杯水比較好，還是綠洲裡的一杯水比較好呢？妳可以自己做決定！

自由操控男人與妳的「心靈距離」

我在部落格裡常常告訴女性讀者的一件事，就是要「掌握與對方之間的距離」。為此，首先必須知道「距離感」的重要性。物理上的距離和心靈上的距離有很密切的關係。物理上的距離越遠，心靈上的距離也會跟著越遠。仔細想想，這是很理所當然的事。

要是一個妳很討厭、生理上完全無法接受的人靠近妳，妳會有什麼感覺呢？要是接近到40公分以內的距離時，想必妳一定會毫不考慮地立刻後退吧！我想大概有百分之九十九以上的女性，光是在心裡想像，就已經不由自主地後退了！

這是因為妳會想把「和對方的心靈距離」轉換成「物理距離」的緣故。當心靈上距離很遠的對象在物理上的距離逐漸接近時，一般人都會想

往後退，這是為了讓心靈上的距離能與物理上的距離取得一致的關係。

只要知道這種距離感會帶給對方什麼樣的印象，就可以加以運用，來推測與對方心靈距離的遠近。另外，也可以靠著特意改變物理上的距離，來縮短與對方心靈上的距離。這裡先來說明面對面，距離2公尺以內的各種情況。

・120～200公分的距離

這是一個不會讓對方感到不愉快，也是一般社交時所會採取的距離。因為聽得到對方的聲音，所以彼此也能互相進行溝通，但是伸手卻碰不到對方。

只要和對方保持這種距離，就等於是在對他送出「想有更進一步的朋友→戀人發展是不可能的」訊息。要是想和對方保持心靈上的距離，就要注意不要進入與對方相距120公分以內的範圍。

・75～120公分的距離

這是和朋友之間的距離，能突破120公分限制的對象，想必是很要好的同性，或是對妳很關心、想和妳發展友好關係的人。反過來說，不進入這個距離的人，就可以說是對妳毫不關心的人。

・45～75公分的距離

這是非常曖昧的距離，大概是那種交情在朋友以上，但是尚未達到戀人階段的人吧！

要是特地保持這個距離和對方進行溝通，對方就會開始懷疑「這個人是不是對我有意思？」這是一個可以在心理層面讓對方產生動搖的絕妙距離。

・45公分以內的距離

45公分這個距離已經是劃清黑白的界線了！心理學家分析，要是在這界線之內，有家人或是戀人以外的人闖進來，人們就會感到有壓迫感，並感受到壓力。但是，我並不只考慮它的一般定義，也加入男女各自不同的要素來考量。以下是我的觀察。

當有人進入45公分以內的範圍時，對男人來說，只要對方是自己喜歡的類型的女性，就不會感到有壓力（如果是不喜歡的類型或是同性就不行了）。而對女性而言，對方必須是她有好感的特定對象，才能夠進入這個距離而不會讓自己感到有壓力（不論是同性或是異性都一樣，除此條件以外都不行）。

反過來說，想要自行打破這條45公分的界線時，男女之間也會有所差別。當男人進入女性45公分這道界線內時，代表他對這名女性的反應有一定程度的自信；但是女性不論對對方有沒有好感，都常常會不經意地接

近45公分以內的距離。當然，若是對方是她抱有好感的對象，打破45公分這條界線去接近對方的次數就會增加。

妳的週遭是不是也有這種「接近系」的女性呢？這些女性說話時的動作很大，跟男人說話時，可以輕易碰觸男人的手或是身體。那種女性即使對方對她的好感度並不算高，也能自然地在溝通中與別人進行身體上的接觸。

要是有的話，請妳仔細觀察看看。我想她應該意外地受男性歡迎吧？那是因為這種類型的女性會讓男人誤以為她「對自己有好感」。對於這45公分的牆壁感受，男女之間是不同的。即使女性是不經意地越過45公分這條線，但男人卻會特別去注意。

妳已經明白男女之間在物理距離所擁有的效果了嗎？接下來就要介紹「方向」。

無論幾次，我都會一再提醒，男人是Hunter，是獵人。

那麼，進行狩獵的時候，會想把獵物擺在自己的哪個方向呢？

當然就是擺在前方。

男人對前方的資訊收集能力，比女性還要高。男人認定的前方勢力範圍也特別廣，一般來說大約是女性的二到四倍大。另一方面，女性的勢力範圍雖然比較小，但是卻能注意到自己周圍三百六十度以內所產生的各種變化或是異狀。那是因為女性長年處在必須注意家中多個方向的變化中，所以她們已經鍛鍊出這種能力，例如她們常常必須一邊煮飯、一邊照顧小孩，但兩件工作卻不會互相妨礙。

「集中注意的方向」是非常重要的。

男人雖然對前方的資訊收集能力很強，但是對其他方向卻不太會去

注意。女性雖然能注意的距離比較短，但是卻能收集到從所有方向來的資訊。只要把這件事加以運用，就能了解以下的原理：

男人在追求女性時，面朝女性坐著，對他比較有利。

女性想吸引男人時，坐在他的旁邊比較有利。

請想像一下酒店小姐接待客人的畫面吧！她和客人的位置與距離是怎樣呢？酒店小姐是在客人的前方，還是在旁邊呢？不管是在實際的店內，或是虛構的連續劇或是影集裡，應該都是位在客人的身邊，而且是45公分以內的距離吧！

事實上，酒店內座椅的佈置，一定會擺設成對女性有利的方位。當然，這或許也有想讓更多客人進來坐的經營考量。但是，如果只是為了這個原因的話，只要在店內擺滿櫃檯式、面對面的小桌子不就可以了嗎？可是事實上，銀座沒有哪一間店家是這樣擺設的。

了解了嗎？心靈上的距離和物理上的距離有密切的關係，心靈上的距離會表現在物理上的距離，物理上的距離也可以成為心靈上的距離，這個道理妳是不是都懂了呢？

想要立刻改變對方的心是不可能的！但是和對方的物理距離卻是妳能控制的！要利用這物理上的距離，來改變對方的內心。利用男女注意方向的不同，設計出對妳有利的位置。只要能隨心所欲地辦到這些，妳就能成為一個完美的小惡魔了！

讓男人對妳死心塌地

即使不用主動、拼命地說服對方，對方也會自己開始說服自己？嗯？有這麼好的事嗎？我想會有很多人認為這種事應該不存在吧！但是，它卻真的存在。

首先來介紹一個在美國進行的心理實驗。

某個同好會正在募集新進人員，他們把想要入會的女性分成A與B兩個團體，並分別規定這兩個團體的入會條件為下：

A團體：可以無條件加入本同好會。

B團體：只有能「在人群面前大聲講色情笑話的人」才可以入會。

結果同好會的內容只是在一起讀一些無趣的書籍！只是做這種無聊的事情，當然就有人想退出！而這就是這個實驗的目的。不必努力就能入會的A團體，以及經過丟臉的過程才入會的B團體，這兩者之間退會的人數，以A團體的比例明顯高出許多。

這個現象在心理學上稱為「認知上的不協調」。

沒有經過努力就入會的A團體成員，馬上會覺得「因為很無聊，所以不去了」而退會。但是B團體的人卻會想繼續進行活動。此時，B團體的人一定已經陷入「明明丟了那麼大的臉、好不容易才入會的，沒想到活動卻這麼無聊」的矛盾心理。當人們碰上這種過去發生的事與心情上產生不協調的狀況時，就會設法改變自己的想法或心情，來消除這種矛盾。結果就會用「這個同好會明明是得通過那麼丟臉的測驗才能入會的，怎麼可能會無聊呢！」來說服自己，把他實際上感受到的價值增大了！所以他才會沒辦法放棄，而繼續進行活動。

人類就是會在下意識中進行這種行為，我想已經有很多人對我所想傳達的事情有同感了。

所以，只要妳提出任性的要求、讓對方「進貢」，隨心所欲地要求對方做越多事，男人就越會產生「都已經幫她做這麼多事了！我一定是喜歡上她了！她一定是個有這麼高價值的女性」的想法，於是變得更加喜歡妳！這種心理就像人掉入流沙裡一樣，會越陷越深，這種事情在現實中的確是會發生的。

不過，職業級的酒店小姐雖然能採取這項技巧跟男人相處，但是一般女性卻不容易應用在戀愛上。所以，讓我們介紹一些能夠運用在一般戀愛上的方法吧！

一般人不用像酒店小姐那樣，以「讓對方花錢」為重點。另外，就像剛剛的心理實驗一樣，即使不是日常生活的事也無妨，只要能夠給對方付出的機會，讓他所做的事與他的心情產生矛盾就可以了。

那麼，要給予對方什麼樣的機會才好呢？要從對方那邊「搶走」些什麼才好呢？

最簡單的就是時間與勞力！請他幫妳做事、依賴他、請他幫忙吧！對男人來說，被別人依賴是一件很幸福的事，所以妳一點都不必擔心。首先從簡單的事情開始，然後慢慢增加難度，使他耗費心力，例如請他幫忙工作上、課業上的問題，或是拜託他調查什麼事情都可以。

但是，要避免陷入完全依賴對方的狀況。

如果已經是相當親密的朋友，即使花時間去遠方約會也無妨吧？這樣一來，對方就會有「都已經花了這麼多的時間才來到這裡，怎麼可能會無聊呢？」的想法，這種想法當然會成為妳的助力！所以，即使妳不特地做什麼努力，也不用擔心他會覺得和妳在一起的時間很無聊。

旅行的計畫也是一樣，與其輕易同意男人的計畫，說出：「好，那就去吧！」，還不如向男方提出各種希望與要求，讓他困擾並多加思考。只

要這樣做，男人的心中就會產生「針對妳的要求都已經考慮了那麼多，也已經做了那麼多的調整，當然一定要跨越困難、順利成行」的感覺。在那之後，與妳一起去旅行的價值，就會比原本高上許多。

是不是覺得很可笑呢？被玩弄的對象反而會更熱衷於被玩弄，妳現在有「去玩弄別人的自信」了嗎？要是有能夠接受對方好意的機會，就不要客氣！盡量依賴他吧！

讓對方想再見妳一面

妳會想再吃一次曾經吃過的美食嗎？為什麼呢？因為很好吃？還是因為口感很好？因為料理的香味很濃嗎？相信理由一定有很多吧？即使距離上次吃到的時間已經很久，無法清楚回憶起料理的味道或是氣味，但還是會有「想要再吃一次」的欲望。而且通常再次吃到它的時候，還是會覺得那些食物非常美味。

沒錯，人們就是會把曾經產生過的感覺，化為印象來記憶。至於具體的細節或資訊，則不會殘留太久。其實不只是食物，其他事情也是一樣的。比起細部的資訊，整體的印象更容易留在心中，尤其是初次見面的印象，以及分開時所留下的最後印象，都是非常重要的。

人們可以靠第一印象來判斷對方，而且通常人們不只會強烈地記住

這個「第一印象」，更會以接近這個印象的形式加以理解對方。由於大多數的人都有這種心理，所以我們給別人的第一印象非常重要。

至於最後留下的印象，則是離開之後能留在對方心中的感覺，只要能讓對方感到意猶未盡，對方就會想要「跟妳再見一面」。也就是說，如果想讓對方抱著「再見妳一面」的想法，就必須在離開的時候下點工夫。

想讓對方產生「和妳一起度過的時間很愉快」的印象，或是把妳很有魅力的瞬間烙印在他的心中，就要慎選離去的時間點。趁他心中對妳的印象還維持在非常美好的狀態下離開，簡直可以說是一種藝術！離去時的背影如此美麗，叫男人的心裡怎麼會不想妳？說不定他隔天就會想起，昨天曾經遇上妳這樣一位優雅且令人魂牽夢縈的女性。

那麼，如何掌握「離去的時間點」呢？可不可以具體地說明呢？要怎麼樣，才能讓自己的美麗倩影在對方心中停格下來？

關鍵字就是八分飽。

不管是什麼事情，都不可以「吃太飽」。舉例來說，當兩人熱烈地交談，也一起喝了一點酒，快樂的時間過去了，雙方都講到有點累，於是開口的次數就漸漸減少……這就是所謂「吃飽」的狀態。快樂的強度如果太強，人們就沒有辦法再吸收更多的快樂了。要是在這種狀況下結束並離開的話，最後那種「已經夠了」的感覺，就會成為妳留給對方的「離去的印象」。

相反地，當你們聊得非常快樂、還有話沒說的時候，妳就道別，妳想接下來會怎樣呢？當對方還對妳抱著很大的興趣與期待時，妳就已經飄然離去，其實是非常聰明的做法。因為這樣一來，「還想跟妳說更多話」、「還想跟妳在一起」的這種餘韻，就會成為妳留給他的「離去的印象」，最後當然就會轉變為「想再見妳一面」的心情。

話雖如此，要怎麼樣才能判斷出什麼時候是「現在就該讓它停格」的「八分飽時機」呢？要怎麼控制離開的時機才好？

重點就是觀察對方的態度與一些小動作。當對方不注意時間、熱切地說話，喝酒的速度並不會非常慢、話很多、聲音很大時，就代表對方還陶醉在快樂中。鼓起勇氣，趁著這刻選擇離開吧！要是對方稍微開始注意時間、喝酒的速度變慢、說的話開始變少，那麼這已經是迫在眉梢、必須立刻選擇離開的時機了！聰明的女性要像這樣觀察對方的動作、體會對方的心情，趁著對方還很開心的時候離開。這若不是相處的藝術是什麼呢？

但是要是遇上即使仔細觀察對方，也無法順利判斷時機點的時候，那該怎麼辦才好呢？這時候就以妳自己的感覺作為判斷的準則吧！要趁妳還覺得「快樂」的時候選擇結束並離開。

一般來說，女性比較擅長偽裝成開心的樣子，而男人則不擅長這種行為。所以，當妳還覺得很開心，也沒有從男人身上感到他覺得很無聊，

那麼認為他現在也還覺得很開心，大致不會有錯！所以，在妳還有「想說更多話、還想在一起」的想法時選擇離開，應該是恰當的時機。我自己也是這樣，對於那些想要再多見幾次面的朋友，都會趁著雙方還很開心的時候，選擇提早離開。

等下次再繼續吧！讓我們靠著這種感覺，保有雙方關係的新鮮感，這能讓彼此間的關係更持久，尤其是剛認識不久的人，特別需要注意這方面的事情。

在酒店世界中，小姐轉檯都是由媽媽桑或是幹部進行調控的；即使是在一般的夜總會，也會趁客人和店內的小姐談得正開心時，進行小姐的交換或轉檯。現在妳應該已經知道這其中的原因了吧！這是為了讓客人能對那位小姐留下美好的印象，這樣客人才會有「想再見她一面」的欲望，也就有了下次再來店裡消費的動機。

要是輸給了「因為感到很開心，所以想再多留一會兒」的欲望，讓

時間持續流逝，就會錯失最佳的離去時機！選擇最佳的時機離去，會讓妳更有魅力！

豐富的個性層次創造女性最大魅力

妳能夠掌握自己的特色，知道怎樣才像自己嗎？會這樣問，就是想要請妳確認一下自己的特色。

大家應該都知道，在影視娛樂界中非常活躍的藝人和偶像，都非常忠實地貫徹著自己的特色，隨時在扮演屬於自己的角色。這些藝人或偶像都非常清楚「自己的賣點」，並以這項賣點在競爭激烈的娛樂界中一決勝負。那麼，妳的特色是什麼呢？妳是否掌握「自己的賣點」，並能加以強調？為了那些無法順利掌握自己特色的人，讓我們來介紹一些能夠強調「自己的賣點」的演出方法吧！

以下剛好可以作為參考，銀座的酒店小姐一般扮演的角色有：大家閨秀、沉穩的日本傳統美人、天真浪漫的小女孩、很會照顧人的大姊姊、

性感的尤物、個性派的小可愛、知性的小惡魔、充滿元氣的鄰家妹妹、聰明的模特兒、很會喝酒的大姊頭等……大致可以分為這幾種類型。

那麼，她們是怎麼具體地創造自己的角色呢？首先，要先找出能夠表現自己的用語。列出那些妳認為和周圍的人相比「比較像自己」的部分，以及「認為自己比別人優秀」的部分。要是妳自己不太清楚，可以詢問妳的朋友或是戀人：「我的優點是什麼？怎樣才像我？」徵求他們的客觀意見。

如果妳比較像是大家閨秀，那麼用來形容妳的話大多是：認真、純情、不知民間疾苦、和危險的事或是地方相距甚遠、男性經驗很少、具有深厚的涵養……等。接下來，再把別人告訴妳的，以及妳自己寫的內容互相對照，將有明顯對比的內容列出來。例如，明明像是一個大家閨秀，可是對危險的地方卻充滿興趣、喜歡惡作劇或捉弄他人、想去夜晚的紅燈區逛逛、想發惡作劇的電子郵件……等。然後把這些內容混在自己的角色

裡，再加以演出。

只要在個性中製造出不同的層次，妳所具有的魅力就會不斷增加。

也就是為了增添大家閨秀的魅力，就必須加入「對危險的地方或是夜晚的紅燈區有興趣」這類與角色印象有明顯落差的要素。明明是大家閨秀，有時卻會思考一些可能破壞形象的危險的事，或是跟對方惡作劇，男人看到這麼可愛的大家閨秀，一定會「感到一陣昏眩」吧！

要是妳屬於性感系的角色，卻做出「其實只是外表看起來很性感，實際上對性這方面卻是非常內向、相當害羞」這類的演出時，男人一定會「咦？」地大感吃驚。

明明是不知道在想什麼的天真小女孩，卻十分有禮貌，有著清楚的倫理道德觀，很懂得看場合行事，男人也一定會「喔！」地感到神奇。

一個平常印象中讓人覺得「強悍」的大姊頭類型的女性，如果忽然

顯露出自己柔弱又感性的一面，妳想會怎麼樣呢？男人的心一定會受到「震盪」吧！柔弱的一面是因為與「強悍的印象」作對比，才能更顯出魅力的。

精於算計、充滿知性的小惡魔系女性，最容易讓男人抱持警戒心。所以，要是能露出笨手笨腳，或是粗心惹禍的一面，男人大多會因此感到安心，甚至產生「我不跟在她身邊不行」的感覺。

妳明白「引出角色魅力」的方法了嗎？

這並不是要妳直接採取和妳的角色完全相反的行動，而是要設法把一些相反的要素混在自己的主體行動之中。讓自己具有相異的多個面向，這樣能讓男人永遠對妳感到驚奇與愛惜喔！

第八章

讓自己永保新鮮

戴上積極進取的光環

妳有自信讓別人認為妳「全身充滿光采」嗎？在這裡要介紹能讓妳擁有散發光采的「光環法」。

首先，什麼是「光環」呢？那是一種充滿自信、眼睛閃閃生輝、覺得活著很快樂、不論做什麼都積極進取，擁有充實幸福人生的人身上所散發出來的「波動」。這種人即使什麼也沒做，也會讓人從他身上感受到強烈的正面能量！

妳想要讓自己成為散發這種強烈正面能量的人，還是想要成為一個十分消沉、經常在累積壓力的平凡人呢？能做決定的只有妳自己喔！別忘了！妳的生存方式是依據妳的想法在控制的。

提出一個問題，下列的①與②，妳覺得哪個人散發出比較耀眼的光環呢？

①因為抱持著「我有這項義務」的心態，因此每天都做該做的工作。

②隨心所欲地過活，認為人的一生中，最重要的就是自我實現。

我想大部分的人都會選②吧！事實上，所有的祕密在此時可以說都已經解開了。

我以前曾經在英國生活過一段時間，那時候我週遭的朋友常常像口頭禪一般的對我說一句話：「Want和Must有著天差地別的不同，要選哪一邊，完全看你自己！」這句話大大地改變了我的人生。

Must＝被義務感所驅使，不是按照自己的意願去做，而是不做不行。

Want＝自己擁有興趣，因為想做所以才做。

這就是Want和Must的差異。只要把這個狀況化為鮮明的印象，應該就更容易了解了。即使感情上不認同，但因為立場或是人際關係等外來因素，而使自己陷入「不得不做」的狀態——這就是因義務感而展開行動的「Must的選擇」。

已經不被義務感所束縛，是依照自己的興趣與意願，為了磨練自己而散發出正面的光環來行動——這就是Want的選擇。

有著這項光環的人，外表大多看起來比實際年齡還年輕。根據我的經驗，到銀座來玩的客人裡，能夠充滿精力地讓工作、家庭，以及休閒活動同時運作的人，看起來都很年輕、充滿熱情。因為他們努力在做自己想做的事，即使用非常嚴苛的標準衡量對方，也不會產生對方「只是想選個輕鬆的職業好過活」的感覺。這種人就算遇到問題，也不會延後解決問題的時間，更不會想逃避問題。

人所做的事情終究都是為了自己，比起被義務感所驅使而不得不

做，還不如依照自己的想法，決定自己想做、應該做的事，並針對問題加以克服。這樣做，才能讓妳自己成長到更高的層次。

以我自己為例，可以說得更具體一些。我的工作包含許多一般性的雜務，因為上司的數量比屬下的數量還多，所以「因為被上司命令而不得不做的工作」非常多，其中也有即使不做也不會影響大局的「無關緊要的工作」。但是，即使是這種工作，我也會一邊想著要是能快點完成它，就會有更多自由的時間好幫店裡，或是店裡的小姐做更多事情，然後一邊完成這項工作。即使是擦拭鏡子這種工作，也會在清掃業者來的時候問清楚擦拭的訣竅，或是上網查詢方法，以「擦拭出銀座店內最乾淨美麗的鏡子」為目標，甚至以「能在最短時間內擦拭乾淨」為目標，試著嘗試各種不同種類的清潔劑並加以計時，嘗試找出最棒的清潔劑。只要這樣想，就能把「這是從上司那裡接到的討厭工作」的感覺降到最低。

掃除是所有人都不喜歡的工作，大部分的人都會說不要、不要吧？

我也一樣，要我在掃除和其他工作之間選擇，我一定會選擇其他工作做的。不過既然這也是自己該做的工作，若我僅僅只是因為被義務感所驅使而去做，那麼我一點也不會快樂。所以，我勉強自己找出與這個工作有關的挑戰，並把它們結合在一起。這是因為如果不做這樣的努力，就會被義務感所支配了。

最重要的一點就是，一定要自主地進行所有的工作。因為別人的命令才行動，就會有「這與我的意願無關，只是不做不行」的強烈排斥感。相反地，如果所有事都能由自己賦予它們意義，並自主地展開行動的話，就可以擁有不被義務感所支配的活力生活了！一切都要靠自己努力。

被父母或是老師命令「去做」，卻不知道將來能派上什麼用場的學習，真的是沒有任何意義的嗎？如果只是因為「被他們要求去做的義務感」所驅使而持續去做，那可能真的沒有任何意義！但是，一定有辦法在其中找到對自己有幫助的部分吧！只要能找出這部分，妳就有想去做的理

由了！自己決定要去做，可是自信以及自我肯定的來源喔！

如果妳是個工讀生，妳一定只能做些泡茶或打雜等工作嗎？請妳稍微想想看！妳的開朗氣息，能夠影響在那邊工作的人嗎？妳有正確、仔細地完成工作，讓別人有「想把工作交給妳做」的想法嗎？

這個道理不只限於工讀生這個例子，而是可以在各種情況上通用的！一個對自己的立場與待遇頻頻感到不滿，隨時想要放棄的人，和一個不管對什麼工作都充滿熱情，開心、努力去完成的人相比，哪一種人比較容易成功、比較容易取得別人的認同呢？這樣說應該就很清楚了吧？

或許有人會對明明想成為正式員工，卻只能當工讀生這點感到不滿吧？重要的是，不要捨棄妳想成為正式員工的希望，既然現在是工讀生，那就應該要努力成為一位散發正面能量的工讀生！只要能這樣做，那麼說不定會在公司被拔擢為正式員工，或被介紹到其他公司也不一定！

不論做什麼事，終究都是由自己所決定，只要能不被義務感所束

縛，就能發現充滿熱情的自己，生活也就不會永遠貧乏無味了！現在開始還不算遲！不管什麼事情，都不要只是因為「Must」而做，要因為自己選擇「Want」而做，讓自己戴上積極進取的光環吧！

真正的醜陋是無法用化妝品來隱藏的

妳的生活方式或想法，可能讓妳越變越醜，這是真的喔！妳想越變越醜嗎？為了不變醜，就讓我清楚明白地說出什麼樣的女性會變成真正的醜女吧！準備好了嗎？

「為什麼只有我……」、「為什麼我會被……」、「我是被害者！」妳常常有以上這些想法嗎？抱持著這類意識的人，常常會用「是那個人不好！」、「是他不對！」、「我是正確的！」等話，把責任推給別人！這種類型的女性，即使外表再怎麼美麗，都會顯露出醜陋的表情。把責任推給他人、一切都是別人的錯、不能開心地享受事物……當這種「被害者意識」的不滿逐漸累積在臉上時，自己的臉就會越來越醜，形成「倒楣的面相」。

經常露出不滿表情的女人，是真正的醜女，即使用再多化妝品也無法掩飾！當不滿的情緒持續高昂，妳就更接近醜女一步了。

要是有一個不論碰到多麼不講理的事，都不會露出不滿的表情，而會用笑容輕輕帶過，讓人心情舒適的女性，妳會不會喜歡她呢？那種女性一定會獲得周圍的人的好感吧？心胸寬大、不論什麼事都能溫柔接納的人，就能讓別人安心，並產生「她很優雅」的印象，妳說是不是呢？

不把不滿顯露於外，而能考慮別人的心情、與人愉快相處的女性，能夠受到最大程度的喜愛。培養一顆堅強的心，把所有的不滿都趕出去吧！要不要把不滿的表情戴在臉上，生活得毫無格調，是妳自己能決定的事情。某個銀座知名的媽媽桑曾說：「要過有格調的生活！只要活得很有格調，即使上了年紀，皺紋也會讓妳看起來很美！」

她是一位即使年過四十中旬，看起來還是非常美麗的媽媽桑，我對這位媽媽桑的話深深感到認同。

捨棄會使魅力減半的情緒

我在當酒店幹部的過程中，發現某些情緒會使女性的魅力減半。就讓我直截了當地說出來吧！會讓女性魅力減半的情緒就是：

①忌妒心

②孤獨造成的寂寞感

要是妳是被這兩種情緒所支配，那就代表妳已經進入紅色警戒了。

這兩種情緒越強烈，女性的魅力就會顯得越薄弱。一旦被這種情緒所驅使，就很難恢復原狀，經常會演變成惡性循環的螺旋。能否跳脫出負面的螺旋，全得靠自己的力量！打開僵局的方法只有一個，就是增加妳的活動。要讓自己忙到沒有空隙，好讓不需要的情緒完全沒有辦法介入。

受到邀請就出去玩、努力交更多朋友、致力於工作、埋首於自己的興趣中……不論妳要採取哪一種做法都可以。要把行事曆記到全黑一般，不停地進行各種活動。這時候完全不需要有檢視自己的時間，想靠頭腦思考來解決問題是沒用的。妳只能努力取回活力而已！

當妳實際讓身體採取各種活動後，妳的心也會跟著變得更有活力。要是在這期間經歷了各種經驗、與各式各樣的人相遇，價值觀也會跟著改變。之後，寂寞的感覺與忌妒的情緒就會逐漸淡去。

讓我再說一次！抱有忌妒心與寂寞感的女性，是毫無魅力可言的。要是維持這種狀況，那就已經可以想見接下來會輸得一踏糊塗！要是一個沒有自信、沒有目標、感覺不像活著，或是活在沒有建設性的人生裡的男人向妳告白，妳會有什麼感覺呢？即使被這種男人說：「我只在乎妳！」或是「我一想到妳就什麼也做不了！」，妳也不會覺得開心吧！這個道理是一樣的。

忌妒、寂寞……被這些情緒所支配的女性，她的女性魅力一定會直線下降。只要出現這樣的徵兆，就要快點提高妳的行動力，去除這種多餘的情緒！

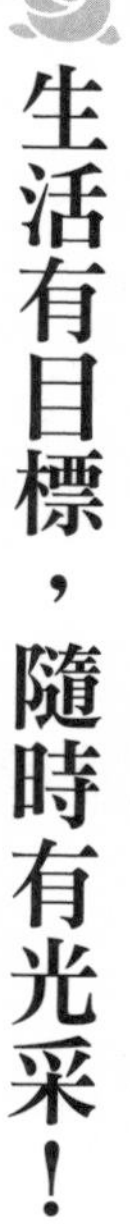

生活有目標，隨時有光采！

我到目前為止，已經讀過一千本以上的書，在這些書中，我歸納出了一些心得。

在自我啟發的書中，一定會有「要擁有目標」、「要下定決心」等內容。但是為什麼人要擁有目標、為什麼要下定決心呢？好像很少有書講到這個部分，所以就讓我來加以說明吧！

請妳想像一下，妳是一艘大帆船的船長。站在甲板上的妳感受到一股很強的風。那陣風對妳來說是順風、側風，還是逆風呢？請妳清楚地說出答案吧！

妳是怎麼理解這個問題的呢？又是怎麼回答的？難道是按照直覺，隨便回答嗎？

要是妳很認真地想要回答的話，那麼不思考自己的船要往哪個方向去，不確定目前航行的方向對不對，怎麼會知道這股風是從哪裡吹來的呢？船長要是不好好看著終點的話，哪裡有辦法判斷這陣風是順風、逆風，又或者是會讓妳繞遠路的側風？只能漂流在海上，任風吹拂。

這樣妳應該了解了吧？這正是把人生當作航海的比喻，而吹來的風就是發生在自己身上的事。自己的人生要怎麼過比較好？要以什麼為目標？要是不知道這件事的話，就只能茫茫地等時間經過，當然也只能擁有隨處漂流的人生！結果，到底自己的希望是什麼？自己的價值觀是什麼？什麼才是幸福？這一切都會變得很模糊！

為了避免這種事，我們一定要訂好需要長期時間才有辦法達成的長程目標、只要中期時間就能達成的中程目標，以及短期間就能達成的短程目標。妳有考慮過，身為一個女性，妳到底想過怎樣的生活、想擁有什麼樣的人生，想獲得什麼樣的幸福嗎？為了得到那個幸福，必須要用怎樣的

步伐，走多遠的路才能到達呢？

請好好思考這件事，一定要讓自己的生活有目標。只要這樣做，即使不小心受挫，妳也不會偏離自己的前進方向！

把握機會，每天都充滿活力！

我以前曾經有嘗試獨立，結果卻失敗的經驗。在那之後，我被一個投資企業的老闆聘用，這位老闆對我來說是人生的恩師、精神的導師。最後，我想以這位老闆教我的事，來替本書做結尾。

某天一大早，我被老闆叫去某棟大樓。當我到達以後，老闆說：「我想讓你看看有趣的東西。」他從錢包裡拿出一萬元的紙鈔，把紙鈔撕成四份後，再把紙鈔揉成兩個紙球（是真的一萬元大鈔）。然後，他把那兩個變小、變圓的萬元大鈔紙球，丟進大樓中央玄關的旋轉門裡。老闆對我說：「好，讓我們到二樓去觀察，看看誰會去撿吧！」然後我們就一起到二樓去了！

到了早上八點，上班的人潮開始湧進大樓。兩個圓形的物體，剛開

始只是在旋轉門裡滾來滾去，最後終於滾進了大樓內的大廳。

到了八點三十分，大量的人潮湧進來了。在他們腳邊的地板上，有破掉的一萬元紙球在滾著，而旁邊有大量的人經過。有人完全沒有發現那團物體，也有人雖然看到那團紙球卻掉頭就走，有些人會停下腳步想一下那是什麼，也有人面無表情地漠視那團紙球。大約經過三十分鐘以上的時間，有約超過一百人經過後，終於有一個男人把一萬元的紙球撿起來，並把它打開。他在發現那是一萬元的紙片後，就看看四周，尋找另一團紙球，並把那個紙球一起帶走。

這時老闆對我說：「你了解嗎？那就是所謂的把握機會！」但是我卻一頭霧水，不知道他這樣說的用意何在。老闆接下來說：「聽好了，要是一萬元的鈔票是維持原狀掉在地上，你想會怎麼樣呢？應該會被最早發現的人撿走吧？但是，對撿到的人而言，只能說是運氣好而已。對不對？」然後在停頓了一下之後，他說：「所謂機會這種東西，並不會以大家都能

輕易發現的形狀掉在那邊！」

要是妳想在人生中抓住什麼機會的話，就要拉長自己的天線，感覺到什麼時，就馬上展開行動！那位老闆就是這樣教導我的。即使只有一點細微的感覺，也要自己主動去確認那是什麼、為什麼我會感覺到它、是什麼讓我感覺到它。只要能這樣做，妳也一定可以把握機會的！

給台灣讀者的話

東方國家由於長期存在重男輕女的傾向，所以男子的出生率常常大於女子的出生率，即使到了現代，很多媽媽還是會在意自己所懷的是否是男孩。因此，在現代社會中，男女比率還是存在著失衡的問題。從男女之間也應「供需平衡」的觀點來看，東方女性比起其他國家的女性，應該更容易找到男性對象才是。這是因為既然社會中男多於女，自然也就容易造成「一名女性同時受到很多男性追求」的現象。當這個狀況變得越來越普遍時，當然會形成一個由女性掌握主導權的社會。但是，即使受到很多男性的歡迎，也不該因此感到自滿，而應該要致力於提高自己的魅力才行。重要的不只是提升自己身為女性的魅力，還要提升自己身為人的魅力。

男人會因動物的本能而追求女性，某個年齡層的女性常常會被男人當作「性的對象」。在這段期間，即使女性不主動展開行動，男人們也可

能絡繹不絕地追求。但是，要是誤以為這是因為自己有「與生俱來的魅力」，所以什麼都不做也不必擔心沒有人喜歡，那以後可能就會吃到苦頭了。因為當男女的年齡漸長之後，彼此之間的關係，就會慢慢從「男與女」轉變為「人與人」。所以每位女性除了要努力地保持自己身為女性的魅力外，更要提升自己「身為人的魅力」。

要是在年輕、受歡迎的時期，滿足於「不管什麼事，男人都願意幫我做」，就可能會毫不意識到自己缺乏成長，只有年華逐漸老去的事實，等到最後才忽然發現男人已經不知不覺地都離妳而去，那就已經太遲了。

另外，階級的差距也是女性必須加以考慮的一個問題。即使是在沒有所謂「身分階級」的現代社會中，勝利者有「取得一切」的權利，強者會持續占據所有好處的這種現象，任誰也沒辦法否認。而這也會影響男女之間的相處。舉例來說，容易發生外遇的，通常是擁有足夠的金錢與時間的男性，也就是社會中的勝利者。因為有錢，所以懂得品味與打扮，也比

較捨得花錢，不管在時間或心情上都很充裕而沒有壓力，所以個性或氣度都比一般男人好，別人也就很難不喜歡這種人！當這些男人來到夜晚的銀座時，理所當然會受到許多美麗女性（酒店小姐）的歡迎。

要是妳的丈夫是這種男性的話，妳有什麼感覺呢？我想應該沒有一個女性可以忍受，有其他年輕美麗的女性接近自己的丈夫吧？雖然擁有這種丈夫的女性，在社會上來說也可算是「成功人士」，但是面對這種問題的可能性也就會相對增加。除了銀座外，社會上多的是非常努力的女性，她們不只是設法讓自己看起來更美麗，還會致力於提高自己身為人的魅力。要是妳的魅力不能超越這些女性，那麼當妳的丈夫遇到這些女性時，就很可能產生家庭紛爭了。為了避免這種事情發生，就必須磨練自己的教養，努力去提高自己身為女性與人的魅力。

男女之間在交往時，選擇一個教養與品行等各方面都和自己相配的對象，是很重要的。終究只有和妳的魅力相襯的男性，才能當妳的對象

吧？要是在受歡迎的年輕歲月就怠慢自己的學習，將來只會產生更大的落後而已！

我認為，未來是由女性創造的。小孩出生之後，能寸步不離地照顧孩子的，就是母親了！所以，小孩受母親的影響是非常深遠的。要是母親是一個沒有知識、欠缺道德觀念的女性，小孩會變成什麼樣子呢？一定也會成為一個沒有知識又欠缺道德觀念的人吧！人類的未來是由小孩創造的，而能夠養育小孩的就是女性。所以，女性必須要是一個聰明、溫柔，充滿魅力的人才行。要是有這樣的母親，即使是經濟貧困的家庭，同樣能教育出一個溫柔、正直的孩子。

不管是對先生或是對孩子來說，女性保持自己的魅力與教養都是非常重要的！我深切盼望各位女性都能充滿知性與品德，並隨時替別人著想，當一個內外皆美的人。

●國家圖書館出版品預行編目資料

銀座媽媽桑說話術：會說話的女人，男人愛！--初版
--台北市：三采文化，2008〔民97〕
冊：公分．--（Mind Map：08）
ISBN 978-986-6716-45-4（平裝）

1．說話藝術
192.32　　97003965

suncolor
三采出版集團

Mind Map 08

銀座媽媽桑說話術
會說話的女人，男人愛！

原作者　小太郎
譯者　莊旻翰
責任編輯　杜雅婷
美術編輯　郭麗瑜
封面設計　藍秀婷

發行人　張輝明
總編輯　曾雅青
發行所　三采文化出版事業有限公司
地址　台北市內湖區瑞光路513巷33號8樓
傳訊　TEL:8797-1234　FAX:8797-1688
網址　www.suncolor.com.tw
郵政劃撥　帳號：14319060
戶名：三采文化出版事業有限公司
本版發行　2011年1月30日
定價　NT$260